# Nea
# Pompeji

Frank Helbert & Gabriella Vitiello

DUMONT direkt

# Inhalt

## Benvenuti!



## Zu Gast in Neapel

### Übernachten



### Essen & Trinken



### Einkaufen

**Blick auf Neapel von Mergellina (links) und vom Belvedere der Certosa di San Martino aus**



## Ausgehen



## Unterhaltung



## 12 Highlights

## 19 Reisetipps Neapel & Pompeji

# Neapel & Pompeji im Internet

## Surftipps

Wer Italienisch kann, ist hier im Vorteil, denn die besten Seiten sind in der Landessprache verfasst. Bei der Benutzung von Suchmaschinen ist zu beachten, dass auch diese in der Version mit der Kennung ›it‹ besonders dann schnellere und bessere Ergebnisse liefern, wenn man spezielle Begriffe aus der Region finden möchte. Zur ersten Recherche sind hier allgemeine Internetlinks angegeben, weitere finden sich in den Kapiteln unter »Zu Gast in Neapel« (S. 24–105).

**Landeskennung: .it**

### www.comune.napoli.it

Auf der offiziellen Website der Stadt Neapel können sich Bürger wie Touristen über Neuigkeiten in der Stadt, kulturelle Programme und jede Art von Veranstaltungen – von autofreien Sonntagvormittagen bis zum Kurzfilmfestival – informieren.

### www.portanapoli.com

Eine mit einer Hotel-Buchungsplattform verbundene Website auch in deutscher Version, die nicht nur sehr informativ und aktuell, sondern auch übersichtlich angelegt ist. Außer wichtigen Basics zu Stadt, Kultur und Transportmitteln finden sich Reiseberichte, Rezepte und Hinweise zur Umgebung und zu den Inseln bei Neapel.

### www.inaples.it/deu/home.asp

Die Seite des Tourismusbüros erscheint professionell in sechs Sprachen und ist mehr als eine Online-Ausgabe des Gratis-Führers »Qui Napoli«. Man kann sich Fotos und Filme anschauen, einen virtuellen Rundgang unternehmen und bei Bedarf sogar eine Beschwerde am Beschwerdeschalter abgeben.

### www.pompeiisites.org

Wäre die Faszination vor Ort nicht so groß, dann könnte man nach dem Studium dieser Seite eigentlich auch zu Hause bleiben. Hier findet sich alles, was man zur Vorbereitung des Besuchs von Pompeji, Herculaneum und anderen Ausgrabungsstätten unter der Verantwortung der Soprintendenza von Pompeji braucht. In italienischer und englischer Sprache.

### www.campaniaartecard.it

Die Begleitseite zum Bestseller des neapolitanischen Tourismus, der Artecard (s. S. 15). Die Erläuterungen und Angebote im Zusammenhang mit der Kunstkarte liegen auch in englischer Sprache auf dem Server.

### www.campaniatrasporti.it/sito_CT/home.asp

Eine gute Linksammlung für Reisende, die sich mit öffentlichen Verkehrsmitteln nicht nur in Neapel, sondern im Raum zwischen Pozzuoli und Pompeji fortbewegen wollen. Nur auf Italienisch.

### www.medivia.it/italiano/meteo/Index.htm
### www.napoli.com/meteo.html

Zwei Wetterlinks, deren (italienische) Angaben immerhin helfen, die Tendenz der Wetterlage zu verstehen. Sie stimmen allerdings, wie meist beim Wetter im Netz, oft nicht miteinander überein und weichen in der Vorhersage natürlich auch manchmal von der wirklichen Wetterlage ab. Medivia.it bietet aktuelle Wetterbilder von der Webcam.

# Benv

Es klingt unglaublich, ist aber amtlich: am Stadtstrand von Neapel darf wieder gebadet werden. Jahrzehntelang war das verboten, wenngleich sich viele Neapolitaner nicht daran hielten und manche sich die Gelbsucht holten – die meisten aber schauten nur sehnsüchtig aufs Panorama und den Stadtstrand. Das ist inzwischen Schnee von gestern, denn: »Napoli è bagnabile!«

# enuti

Das Meer, die Stadt, der Vulkan, die Menschen – ein Verhältnis, das wieder ins biologische Gleichgewicht gerät? Natürlich nicht – wo gibt's das schon. Doch seit der Aufbruchstimmung der frühen 1990er Jahre hat sich nicht nur die Fassade Neapels verändert. Die Neapolitaner selbst sind hoffnungsvoller, und uns begegnet eine Stadt, die stolz und selbstbewusst von sich behauptet: »Napoli è bellissima!«

# Willkommen

Leben erleben …

## »Hafen Europas«

Die geografischen Voraussetzungen müssten Neapel zumindest in Europa konkurrenzlos machen. Die Lage könnte besser nicht sein: In diesem griechischen Theater zwischen Pozzuoli und Sorrent, genannt Golf von Neapel, hat die Stadt den schönsten Platz inne. Geschützt am Meer gelegen, bettet sie sich in ein unvergleichliches Bühnenbild der Natur: Höhepunkt ist der im Hintergrund thronende Vesuv – weit genug entfernt, aber omnipräsent als Spender und Vernichter von Leben inmitten einer überaus fruchtbaren Landschaft. Flankiert wird der Golf von den berühmten Inseln – Capri für die Reichen, Ischia für die Massen und Procida für die Entdecker.

## Jenseits aller Normen auf der Suche nach Normalität

Der Metropole Neapel sieht man an, dass sie lange Zeit eine der kulturellen Hauptstädte Europas war, dann aber an den Rand des europäischen Interesses gerückt wurde. Das Neapel von heute präsentiert der Welt – mit Stolz auf seine kunsthistorische Bedeutung – mehrere Nationalmuseen, und lernt sich andererseits auch selbst neu kennen, etwa bei dem Versuch, lange abgeschottete Stadtteile wie die *Sanità* mit ihrer ganz eigenen Kultur und Viertelswirtschaft wieder stärker ans allgemeine Leben anzuschließen.

In der Stadtverwaltung Neapels gibt es neben den Beisitzern mit den üblichen Aufgaben einige Dezernenten, deren Zuständigkeiten bemerkenswert betitelt sind: Sie arbeiten in den Ämtern für Innovation, Transparenz, Identität, für Würde und Alltagsleben. Deutlicher kann die Sehnsucht einer Stadt nach Normalität nicht sein – und auch dafür gibt es ein Amt in Neapel: *l'assessorato per la normalità*. Aber: Diese Stadt wird nie in eine Norm passen und immer sowohl an Havanna als auch etwa an London erinnern. Am ehesten gerecht wird man ihr, akzeptiert man sie erst einmal als ›normal‹.

## Kontraste bestimmen den Alltag

Das Bild von der schlampigen Metropole im Süden Italiens war jedenfalls nie viel mehr als ein Klischee: Schon immer gab es in Neapel sehr arme oder heruntergekommene Viertel, aber auch sehr reiche und edel herausgeputzte Gegenden.

Neapel ist eine Stadt der Kontraste: einerseits kreativ-unternehmerisch, andererseits kriminell; einerseits gefangen in einem System aus Ignoranz und Opportunismus, die als Überlebensstrategien dienen, andererseits mit dem An-

**... das kann man in Neapel überall**

spruch auf Veränderung und dem Wunsch nach einer nicht korrupten politischen Macht. Die Kontraste aber meiden sich nicht, sondern leben miteinander. Der Angestellte im Anzug neben einem Obdachlosen beim Mittagessen in einer Garküche der Pignasecca – das ist kein seltenes Bild.

Seit einigen Jahren versucht die Stadt, ihr touristisches Potenzial noch besser zu nutzen und sich mit allen Traditionen und Eigenheiten auch besser zu inszenieren. Besonders gut gelingt ihr das jeweils im Mai, wenn sie mit dem Kulturprogramm Maggio dei Monumenti auch ihre sonst verschlossenen Sehenswürdigkeiten für Besucher öffnet.

## Betörende Sinnlichkeit

Neapels Vorbilder für eine Zukunft als moderne Hauptstadt des Südens sind Metropolen wie Paris, Barcelona, Los Angeles oder gar Sydney. Eine wichtige Voraussetzung bringt die Stadt seit jeher mit: ihre Sinnlichkeit. Zwei Beispiele für diesen »Charakterzug« sind die aktuelle neapolitanische Musik, die es noch immer international zu entdecken gilt, und das restaurierte Museo San Martino mit seinen Höfen und Terrassengärten, das einem schwebenden Schloss in Gelb vor blauem Hintergrund aus Himmel und Meer gleicht. Ein Besuch des Museums ist genauso informativ wie unterhaltsam, und der Ausblick von dort macht atemlos.

## Erfolge und Resonanzen

Die positiven Veränderungen in der Stadt haben sich herumgesprochen: Immer mehr Gäste kommen nach Neapel. Die Zahl der Übernachtungen hat sich im vergangenen Jahrzehnt nahezu verdoppelt – die Zweimillionengrenze ist mittlerweile erreicht und Neapel oft an der Grenze der Aufnahmefähigkeit seines Hafens, seiner Hotelbetten und seines Verkehrssystems angekommen .

In Zusammenarbeit mit der Region und mitfinanziert von der Europäischen Union sind die nächsten großen Entwicklungsprojekte schon gestartet worden. Der Hafenbereich soll umgestaltet und in den nächsten Jahren zu einem modernen Foyer an der Meerseite der Stadt werden. Um das Ungleichgewicht zwischen Kapazität und Kulturangebot für Touristen zu verändern, fördert die Stadt junge Hotel- und Bed&Breakfast-Initiativen. Der größten Herausforderung aber hat sie sich schon gestellt: Das Verkehrswesen wird schrittweise modernisiert und ökologisiert.

Schadstoffärmere Busse fahren bereits, der Verleih von Elektromobilen wird gefördert und Jahr für Jahr trotzen die Stadtplaner dem Verkehr eine weitere Fußgängerzone ab. 2001 trat ein

**In einigen Vierteln zeigt die Stadt noch ihr ursprüngliches Gesicht**

neuer Plan der öffentlichen Verkehrsmittel in Kraft (s. Rückseite des Faltplans in diesem Buch) und die ersten Stationen der neuen oder neu gestalteten Metrolinien wurden eröffnet. Insgesamt sind diese Bemühungen mehr als ein Tropfen auf den heißen Stein, auch wenn Neapel in der italienischen Smog-Statistik immer noch weit oben steht und den zweiten Platz einnimmt. Weil aber so viel verändert werden soll, kann dies nur in gut geplanten, kleinen Schritten geschehen – kleine Schritte, die oftmals große Fehler korrigieren müssen.

## Bassolino – vom Bürgermeister zum Präsidenten

Aus seinem touristischen Dornröschenschlaf erwachte Neapel Anfang der 1990er Jahre. Zur Konferenz der G7-Staaten wurde die Stadt 1994 zunächst nur oberflächlich gesäubert. Doch es blieb nicht bei der Sanierung der Fassaden. Stimmung und Motivation der Neapolitaner änderten sich. Das *c'amma' fa'*, »was kann man da schon machen«, wurde verdrängt vom non *c'è problema*, »klappt schon« – ein Stimmungswandel, der vor allem Antonio Bassolino und seiner sechsjährigen Amtszeit als Bürgermeister zugeschrieben wird. Ihn halten noch heute viele Einwohner für das beste Stadtoberhaupt, das Neapel je hatte. Der Ex-Kommunist, zweimal mit über 70 % der Stimmen zum Bürgermeister gewählt, legte bedeutende Grundsteine für die Zukunft Neapels. Als er aus eigenem Antrieb mitten in der zweiten Amtszeit zurücktrat, um Präsident der Region Kampanien zu werden, tat er das nicht nur, um die eigene Karriere zu pushen, ihm ging es auch um seine Stadt. Bassolino wollte und will aus der Hauptstadt des Südens eine Art »europäisches Los Angeles« machen, eine moderne, weltoffene Kulturmetropole am

Meer. Viele der von ihm vorbereiteten Projekte, etwa die verbesserte Infrastruktur zwischen Stadt und Land, brauchen zukünftig die politische Unterstützung der Region. Und als deren Präsident wird Bassolino in den nächsten Jahren auch weiterhin für Neapel zuständig sein.

## Spuren der 2000-jährigen Geschichte

Neapel hat offiziell knapp 1 Mio. Einwohner. Die seit Jahrtausenden multikulturell geprägte Stadt verfügt über einen einzigartigen historischen Kern, eine unvorstellbare Fülle an Kunstschätzen und eine hervorragend gesichtete Spurensammlung der europäischen Geschichte. Alle waren sie hier: Griechen, Römer, Normannen, Staufer, Franzosen, Ungarn, Österreicher und Spanier. Und von allen hat sich etwas erhalten im lebendigen Neapel von heute: Als anschauliches Alltagsbeispiel aus dem Bereich ›antiker Technik‹ dient etwa die immer noch benutzte einschalige Gemüsewaage, die schon in Pompeji von den Händlern hochgehalten wurde.

Die Ausgrabungen in Pompeji zählten im vergangenen Jahr etwa 3 Mio. Besucher. Damit ist dieses Open-Air-Museum am Rande seiner Kapazität angelangt – und wer die Kult- und Kulturstätte an einem der Tage sehen möchte, an denen sich bis zu 20 000 Menschen durch die Straßen und in die Häuser drängen, der erlebt eine problematische Seite des Massentourismus am eigenen Leib mit.

## Brechen mit alten Klischees

Der Massentourismus ist aber nicht Neapels Hauptproblem. Einschränkend wirkt hier vielmehr das seit Jahrhunderten geprägte falsche Image der Stadt: Nur Palermo hat einen noch verruchteren Ruf unter den Touristen. Dreckig, kriminell und chaotisch – nicht eben positive Attribute und Voraussetzungen für eine Stadt mit florierendem Fremdenverkehr.

Der durchschnittliche Aufenthalt der Neapelbesucher dauert noch immer nicht länger als drei Tage. Und bei dieser Stippvisite wird die Stadt offenbar wie mit Scheuklappen wahrgenommen: bitte auf dem als sicher bezeichneten Weg durch die Altstadt, dann rein ins Museum und wieder raus ins Hotel oder Restaurant.

Neapel hat mehr zu bieten, Neapel lebt. Und wer vom Weg abweicht, dem begegnet meist ganz anderes als die fest zementierten Klischees von Schrecken, Schmutz und Raub: nicht nur eine Gastlichkeit, sondern auch eine Freundlichkeit dem Anderen gegenüber, die in Nordeuropa selten geworden ist.

## Neapel in Zahlen

**Einwohner Stadt Neapel:** 993 386
**Einwohner Provinz Neapel:** 2 996 000 (Einwohner Italien gesamt: fast 57 Mio.)
**Fläche:** 117 km² (Gesamtfläche Italiens 301 333 km²)
**Einwohner pro km²:** Neapel 2500/km² **(zum Vergleich:** Portici bei Neapel 13 032 Einwohner/km², Sondrio in Norditalien 14 Einwohner/km², Italien gesamt 189,1 Einwohner/km²)

# Geschichte

Wohltuende Erfrischung vor historischer Kulisse in Pompeji

| | |
|---|---|
| **7. Jh. v. Chr.** | Griechische Seefahrer errichten auf den Klippen von Megaris (heute Castel dell'Ovo) einen Anlege- und Handelsplatz. |
| **470 v. Chr.** | Das Volk der Cumaner besiedelt das Gebiet des historischen Zentrums von Neapel und nennt es Neapolis (neue Stadt). |
| **326 v. Chr.–180 n. Chr.** | Die griechische Ansiedlung wird zunächst Rom zugeordnet, erhält später die römische Bürgerschaft und verfällt als römische Kolonie unter Marc Aurel. |
| **79** | Pompeji und Herculaneum werden beim Ausbruch des Vesuv zerstört und in Ascheregen und Lavagestein konserviert. |
| **476–1137** | Neapel erträgt die Herrschaft von Byzantinern, Langobarden und Sarazenen. Unter Normannenkönig Roger II. genießt die Stadt begrenzte Autonomie. |
| **1194** | Der Stauferkaiser Heinrich VI. erbt das Normannenreich. |
| **1220** | Heinrichs Sohn Friedrich II. regiert von Palermo und Apulien aus das Heilige Römische Reich deutscher Nation. Am 5. Juni 1224 gründet er die erste staatliche Universität der Welt. |
| **1266** | Karl von Anjou wird erster französischer Herrscher von Neapel. |
| **1282** | ›Sizilianische Vesper‹: Die Anjou verlieren Sizilien und machen Neapel zum Regierungssitz. |
| **1443** | Das spanische Haus Aragon übernimmt die Stadt. |
| **1647** | Der antispanische Aufstand unter Masaniello scheitert. |
| **1656** | An der Pest sterben 250 000 Menschen, die Hälfte der Einwohner Neapels. |

**1734** Nach den österreichischen Erbfolgekriegen wird der Bourbone Karl I. König von Neapel. 1748 beginnt er mit den Ausgrabungen von Pompeji.

**1798/99** Von französischen Truppen geschlagen, flieht Ferdinand IV. aus Neapel (endgültige Rückkehr des Bourbonen als Ferdinand I. 1815). Am 21. Januar 1799 proklamieren Teile der Aristokratie und französische Revolutionäre die erste Neapolitanische Republik. Am 13. Juni beendet Kardinal Ruffo mit königlichen Truppen den Demokratieversuch.

**1860/61** Giuseppe Garibaldi erreicht die Stadt. Ein Plebiszit bestimmt den Anschluss Neapels an das Italienische Königreich. Erste Wahlen. Wirtschaftliche Benachteiligung des Südens durch Norditalien.

**1943** Nach dem Sturz Mussolinis unterzeichnet die Regierung Badoglio am 8. September den Waffenstillstand mit den Alliierten. Mitte September besetzt der deutsche Oberst Scholl Neapel. Ende September widersetzt sich die ganze Stadtbevölkerung vier Tage lang erfolgreich mit den ›Quattro Giornate di Napoli‹ und zwingt die deutschen Besatzer zum Rückzug.

**1946** Beim Referendum über die zukünftige Staatsverfassung stimmen die meisten Neapolitaner für eine Monarchie.

**1950** Die Cassa per il mezzogiorno, ein Wirtschaftsförderungsprogramm für Süditalien, wird eingerichtet.

**1980** Ein Erdbeben mit Epizentrum in der Provinz Avellino fügt auch Neapel schwere Schäden zu. Korruption ist das prägende Element beim Wiederaufbau.

**1993** Antonio Bassolino ist Bürgermeister Neapels; fünf Jahre später wird er wiedergewählt. Mit der G7-Konferenz beginnt eine neue Phase in Neapel: Modernisierung und konsequenter Kampf gegen die Camorra vermitteln bald ein freundlicheres Image der immer noch recht gefürchteten heimlichen Hauptstadt Süditaliens.

**2001** Neapel wählt erstmalig eine Bürgermeisterin: Rosa Russo Jervolino setzt das Mitte-Links-Bündnis im Stadtrat fort, während in Italien die rechte Berlusconi-Ära anbricht.

**2003** Der Papst besucht Pompeji.

# Gut zu wissen

Straßenverkauf gehört in Neapel zum alltäglichen Bild

## Fälschermetropole Neapel

Hochburg des Plagiat-Verkaufs ist die Via Toledo von der Piazza Dante bis zur Piazza Trieste e Trento, verlockende Angebote freundlicher Herren gibt es aber auch in der Bahnhofsgegend und am Hafen. Die Straßenhändler bieten ein umfangreiches Sortiment an Designer-Handtaschen, Uhren, Handys, Digitalkameras, Mützen, Gürteln, CDs etc. Seit kurzem drohen auch den Käufern hohe Geldstrafen, werden sie erwischt.

Highlight 1

## E1 im Centro antico

Im historischen Stadtkern Neapels, dem Centro antico, ist kein Platz für öffentliche Verkehrsmittel, mit einer Ausnahme: der E1. Der kleine Elektrobus (Abfahrt Piazza Gesù) schlängelt sich umweltverträglich durch die engen Straßen – absoluter Höhepunkt des Parcours ist die Fahrt im Schritttempo durch die Via dei Tribunali. Die Haltestellen-Angabe zu den Adressen in den einzelnen Kapiteln ist durch »Centro antico« ersetzt, sofern die Adressen in dem Bereich liegen, in dem auch die Neapolitaner zu Fuß unterwegs sind: zwischen Piazza Bellini und Castel Capuano und von der Via Anticaglia bis zum Corso Umberto (etwa G 2–3, H 2–3).

## Feiertage

**1. Jan.** – Neujahr (Capodanno)
**6. Jan.** – Dreikönigstag (Epifania)
**25. April** – Tag der Befreiung vom Faschismus (Giorno della Liberazione)
**1. Mai** – Tag der Arbeit (Giorno del lavoro)
**2. Juni** – Nationalfeiertag (Festa della Repubblica)
**15. Aug.** – Mariä Himmelfahrt (Ferragosta)
**1. Nov.** – Allerheiligen (Tutti Santi)
**8. Dez.** – Unbefleckte Empfängnis Mariens (Immacolata)
**25./26. Dez.** – Weihnachten (Natale)

## Preisniveau & Reisekasse

Das Preisniveau Neapels gleicht sich seit der Euro-Einführung immer mehr dem anderer europäischer Großstädte an. Sehr preiswert sind der schnelle Gang zur Bar – sofern man an der Theke konsumiert (s. S. 39) – und das Essen in der Pizzeria. Die Pizza im Straßenverkauf macht schon für 1 € satt. Günstig sind auch die einfachen Trattorien, im Restaurant sollte man aber mindestens 20 € pro Person kalkulieren.

Ein Hotelzimmer (DZ) der Mittelklasse gibt es ab 70/80 €. Manche Häuser bieten bei der Reservierung übers Internet Spartarife an – der Blick auf die Website kann sich also lohnen, zumal es nur ein sehr begrenztes Angebot an Pauschalreisen gibt, die sich allein auf die Stadt beschränken (Ausnahme sind Studienreisen). Preiswert ist der öffentliche Nahverkehr. Wer allerdings einen Ausflug auf die Inseln im Golf plant, sollte die Fähre dem doppelt so teuren Tragflächenboot vorziehen. Der Kauf der Artecard für 13 € (s. u.) amortisiert sich mit dem Besuch in zwei der großen staatlichen Museen *(museo nazionale)* oder mit 17 Bus- oder Metrofahrten.

## Reisezeit & Klima

Neapels Klima ist typisch mediterran mit heißen, trockenen Sommern und milden Wintern. Die etwa 72 Regentage pro Jahr konzentrieren sich auf November bis März. Frühjahr und Herbst sind ideal für Unternehmungen in der Stadt. Der Mai (bis Mitte Juni) steht unter dem Motto »Maggio dei monumenti« und ist der Kultur gewidmet (s. S. 69). Dank des milden Winters ist auch der Dezember ein idealer und klassischer Reisemonat. Tagsüber sinkt die Temperatur selten unter 14 °C. Im Januar und Februar, den kältesten Monaten, liegt manchmal Schnee auf dem Vesuv.

## Sicherheit

Die kriminelle Energie ist in Neapel nicht größer als in anderen Großstädten der Welt. Ein wenig unverkrampfte Umsicht kann allerdings nicht schaden: Teure Uhren und Goldschmuck sollten unbedingt zu Hause bleiben. Fotoapparate und Videokameras gehören (wenn man gerade nicht fotografiert) in den Rucksack oder die Tasche, und die sollten möglichst geschlossen sein. Lassen Sie ihre Wertsachen – das gilt besonders für Handys – nie auf Restaurant- und Bartischen im Freien herumliegen! Größere Geldbeträge gehören in den Hoteltresor, und auf den Gang zum Geldautomaten sollte man spät abends und an entvölkerten Sonntagen verzichten.

## Spartipps & Ermäßigungen

Die Eintrittspreise staatlicher Museen oder Ausgrabungsgelände (z. B. Pompeji) folgen einem festen Schema, an dem sich auch die regionalen und kommunalen Museen orientieren: Besucher unter 18 und über 65 Jahren haben freien Eintritt. Die 18- bis 24-Jährigen zahlen den halben, die 25- bis 65-Jährigen den vollen Preis. Im Kapitel Museen (s. S. 90ff.) ist jeweils der volle Preis ausgewiesen.

### Campania Artecard

Vergünstigungen für Kulturreisende bietet die Campania Artecard. Das »Kunstticket« ermöglicht den kostenfreien Eintritt in zwei staatlichen Museen (nach Wahl) und 50 % ermäßigten Eintritt in weiteren Museen und Ausgrabungsstätten sowie Ermäßigungen für viele private Einrichtungen (10–30 %) und aktuelle Kulturveranstaltungen. Die Dreitageskarte gibt es wahlweise für Neapel mit Campi Flegrei (13 €, für 18- bis 24-Jährige 8 €) oder für Kampanien (25 €, ermäßigt 18 €). Sie beinhaltet auch die kostenlose Nutzung des Nahverkehrs. Die Wochenkarte (28 €, ermäßigt 21 €) hingegen ermöglicht freien Eintritt zu allen staatlichen Kultureinrichtungen Kampaniens. Infos: www.campaniartecard.it bzw. unter der in Italien kostenfreien Rufnummer 800 600 601 (für Handys 06 39 96 76 50). Verkauf in Museen, an Flughafen und Bahnhof.

# Sprachführer

## Allgemeines

| | |
|---|---|
| Guten Tag | Buon giorno |
| Guten Abend | Buona sera |
| Auf Wiedersehen | Arrivederci |
| Hallo | Ciao |
| Wie geht's? | Come va? |
| Danke, gut. | Bene, grazie. |
| bitte / danke | prego / grazie |
| Entschuldigung | Scusai |
| Ich heiße … | Mi chiamo … |
| Wo ist…? | Dov'è…? |
| Wann? | Quando? |

## Zeit

| | |
|---|---|
| Montag | lunedì |
| Dienstag | martedì |
| Mittwoch | mercoledì |
| Donnerstag | giovedì |
| Freitag | venerdì |
| Samstag | sabato |
| Sonntag | domenica |
| Feiertag | giorno festivo |
| Minute | minuto |
| Stunde | ora |
| Tag | giorno |
| Woche | semana |
| Monat | mese |
| Jahr | anno |
| heute | oggi |
| gestern | ieri |
| morgen | domani |
| morgens | di mattina |
| mittags | di mezzogiorno |
| nachmittags | di pomeriggio |
| abends | di sera |
| vor / nach | prima di / dopo |
| früh / spät | presto / tardi |

## Notfall

| | |
|---|---|
| Hilfe! | Aiuto! |
| Polizei | polizia |
| Arzt | medico |
| Unfall | incidente |
| Panne | guasto |

## Unterwegs

| | |
|---|---|
| Haltestelle | fermata |
| Bus | autobus / pullman |
| Bahnhof | stazione |
| Fahrkarte | biglietto |
| Flughafen | aeroporto |
| Ausfahrt | l'uscita |
| links / rechts | a destra / a sinistra |
| geradeaus | diretto |
| hier / dort | qui / qua |
| Stadtplan | carta della città |
| Auskunft | informazione |
| Vorsicht | attenzione |
| Bank | banca |
| Telefon | telefono |
| Telefonkarte | scheda telefonica |
| Postamt | ufficio postale |
| Briefmarken | francobolli |
| geöffnet | aperto |
| geschlossen | chiuso |

## Einkaufen

| | |
|---|---|
| kaufen | comprare |
| Geschäft | negozio |
| Markt | mercato |
| bar | in contanti |
| Geld | soldi |
| Kreditkarte | carta di credito |
| Geldautomat | bancomat |
| teuer | caro |
| billig | economico |
| Wieviel? | Quanto? |

## Im Hotel

| | |
|---|---|
| Zimmer | camera |
| Einzelzimmer | camera singola |
| (mit / ohne) Bad | (con / senza) bagno |
| Dusche | doccia |
| Doppelzimmer | camera doppia |
| Schlüssel | chiavi |
| Handtuch | asciugamani |
| Aufzug | ascensore |
| Gepäck | bagaglio |
| Pass | passaporto |

| | |
|---|---|
| Ausweis | carta d'identità |
| Quittung | ricevuta |
| Empfang | recezione |
| wecken | svegliare |
| Preis | prezzo |
| Rechnung | conto |
| Name | nome |
| Vorname | nome di battesimo |
| ankommen | arrivare |
| abreisen | partare |
| Auto | macchina |
| Parkplatz | parcheggio |
| Zelt | tenda |
| Wohnwagen | roulotte |

## Im Restaurant

| | |
|---|---|
| Frühstück | collazione |
| Mittagessen | pranzo |
| Abendessen | cena |
| Zwischenmahlzeit | merende |
| essen | mangiare |
| trinken | bere |
| Tisch | tavolo |
| reservieren | prenotare |
| Messer | coltello |
| Gabel | forchetta |
| Löffel | cucchiaio |
| Teelöffel | cucchiaino |
| Teller | piatto |
| Flasche | bottiglia |
| Glas | bicchiere |
| Speisekarte | menù |
| Weinkarte | lista dei vini |
| Vorspeise | antipasti |
| Hauptgericht | piatto principale |
| Tagesgericht | il menù del giorno |
| Nachspeise | dessert |
| Rechnung | fattura / conto |
| vegetarisch | vegetariano |
| Getränk | bevanda |
| halber Liter | mezzo litro |
| Wasser | acqua |
| mit Kohlensäure | gasata |

## Zahlen

| | | | |
|---|---|---|---|
| 1 | uno | 16 | sedici |
| 2 | due | 17 | diciassette |
| 3 | tre | 18 | diciotto |
| 4 | quattro | 19 | diciannove |
| 5 | cinque | 20 | venti |
| 6 | sei | 30 | trenta |
| 7 | sette | 40 | quaranta |
| 8 | otto | 50 | cinquanta |
| 9 | nove | 60 | sessanta |
| 10 | dieci | 70 | settanta |
| 11 | undici | 80 | ottanta |
| 12 | dodici | 90 | novanta |
| 13 | tredici | 100 | cento |
| 14 | quattordici | 200 | duecento |
| 15 | quindici | 1000 | mille |

## Wichtige Sätze

| | |
|---|---|
| **Wie komme ich nach ...?** | Come arrivo a ...? |
| **Wieviel kostet das?** | Quanto costa…? |
| **Wo finde ich …?** | Dove trovo…? |
| **Ich möchte bitte …** | Vorrei … per favore. |
| **Wann öffnet/schließt …?** | Quando apre / chiude …? |
| **Haben Sie ein freies Zimmer?** | Ha una camera libera? |
| **Sprechen Sie Deutsch/Englisch?** | Parla tedesco / inglese? |
| **Wo kann ich den Wagen parken?** | Dove posso parcheggiare? |
| **Können Sie mir helfen?** | Può aiutarmi? |
| **Lassen Sie mich in Ruhe!** | Lasciami in pace! |

## Auskunft

Vertretungen des Staatlichen Italienischen Fremdenverkehrsamtes (ENIT)

### ... in Deutschland

- Friedrichstr. 187, 10117 Berlin
  Tel. 030/247 83 98
  Fax 030/247 83 99
  enit-berlin@t-online.de
- Kaiserstr. 65, 60329 Frankfurt
  Tel. 069/23 47 30
  Fax 069/23 28 94
  enit.ffm@t-online.de
- Goethestr. 20, 80336 München
  Tel. 089/53 13 17
  Fax 089/53 45 27
  enit-muenchen@t-online.de

### ... in Österreich

Kärtnerring 4, 1010 Wien
Tel. 01/505 16 39-12
Fax 01/505 02 48
delegation-wien@enit.at

### ... in der Schweiz

Uraniastr. 32, 8001 Zürich
Tel. 01/211 30 31
Fax 211 38 85
enit@bluewin.ch

### ... in Neapel

**Azienda Autonoma di Soggiorno cura e Turismo**

- Palazzo Reale, Piazza Plebiscito (F 5)
  Tel. 08 12 52 57 11
  Fax 081 41 86 19
  www.inaples.it
- Piazza del Gesù Nuovo (F/G 3)
  Tel. 08 15 52 33 28,
  08 15 51 27 01
- Via S. Carlo 9
  (Portikus der Galleria Umberto)
  Tel. 081 40 23 94
  Mo–Sa 9–20, So 9–15 Uhr,
  im Winter Mo–Sa 9–19, So 9–14 Uhr

Die Azienda gibt monatlich die italienisch/englische Broschüre »Qui Napoli« mit praktischen Adressen, Tipps zu aktuellen Ausstellungen und Konzerten heraus und ist in den oben genannten Infobüros zu bekommen.

**Osservatorio Turistico Culturale**
Piazza del Plebiscito (F 5)
Porticato Chiesa di Paola
Tel. 08 12 47 11 23
osservatorio@comune.napoli.it
Mo–Fr 9–19, Sa 9–13 Uhr
Das Kulturbüro der Stadt Neapel bietet Infos zu touristischen und kulturellen Veranstaltungen und Aktivitäten.

**Infobüros der Provinz Neapel**

- Stazione centrale (K 2)
  Piazza Garibaldi
  Tel. 081 26 87 79
  tgl. 8–20 Uhr
- Stazione di Mergellina (A 6)
  Tel. 08 17 61 21 02
  tgl. 8–20 Uhr

**Pompeji** besitzt ein eigenes Büro:
Via Sacra 1
Tel. 08 18 50 72 55

**Tourismuszentrale der Provinz (EPT)**
Piazza dei Martiti, 58
Tel. 08 14 10 72 11

## Einreise

Bürger der EU und der Schweiz benötigen einen gültigen Ausweis oder Pass. Kinder müssen im Reisedokument der Eltern eingetragen sein. Dauert der Aufenthalt länger als drei Monate, ist ein Reisepass nötig.

**Zollbestimmungen:** Innerhalb der EU-Staaten sind Waren für den persönlichen Bedarf bei der Ein- oder Ausfuhr zollfrei. Bei der Überschreitung bestimmter Mengen (z. B. 800 Zigaretten, 90 l Wein) geht der Zoll von gewerblicher Nutzung aus, und die Ware ist zu versteuern. Für Angehörige von Nicht-EU-Ländern gelten folgende Regelungen: 200 Zigaretten, 2 l Wein oder 1 l Spirituosen. Devisen dürfen nur in einer Höhe von max. 10 000 € ein- oder ausgeführt werden.

# Anreise

## Mit dem Flugzeug

Der internationale Flughafen Napoli-Capodichino für Linien- und Chartermaschinen liegt am nordöstlichen Stadtrand. Die Lufthansa fliegt über München nach Neapel, die Alitalia über Mailand oder Rom. Chartermaschinen landen in der Regel zwischen März und Ende Oktober. Die Billig-Fluglinie HLX fliegt Capodichino von Hannover und Köln/Bonn aus an, Ryanair fliegt nach Rom oder Pescara. Ein Direktflug dauert etwa 2,5 Stunden, ein Flug mit Zwischenlandung ca. 5 Stunden.

**Flughafen-Auskunft Neapel:**
Tel. 08 17 89 62 59
Flug-Auskunft 848 88 87 77
www.gesac.it

### Transfer in die Stadt

Der **Taxistand** befindet sich vor dem Ankunftsbereich. Eine Fahrt in die Innenstadt kostet etwa 20 € und dauert 15–30 Min. Der Taxifahrer verlangt oft mehr als der Taxometer anzeigt, was an den Zuschlägen liegt: 2,60 € für die Fahrt vom und zum Flughafen, je 0,50 € pro Gepäckstück, Zuschläge für nachts (2,10 €), sonntags (1,60 €) und die Stadtautobahn.

Der **Stadtbus** 3S fährt von 6 bis 23 Uhr im 15-Min.-Takt vom Flughafen zum Hauptbahnhof, zum Hafen (Stazione marittima, F 4–G 5) und zurück. Fahrkarten (Giranapoli, 0,77 €) in der Flughafenbuchhandlung und am Kiosk. Dauer: ca. 30 Min. Am Bahnhof Anschluss an weitere Buslinien, im Tiefbahnhof an die Metro Richtung Pozzuoli und die Vesuviana Richtung Pompeji/Sorrent.

Bequem, zügig und klimatisiert ist der **Alibus.** Ohne Zwischenstopp fährt er über den Bahnhof zum Hafen (Stazione marittima). Abfahrt alle 30 Min. von 6–24 Uhr neben den Taxiständen. Fahrkarte im Bus, 3 €. Das Ticket gilt insgesamt 90 Min. auf allen städtischen Verbindungen.

Direkte **Busverbindug nach Pompeji** s. S. 103.

## Mit der Bahn

Eine Direktverbindung gibt es aus Deutschland mit dem Nachtzug über München. Die meisten Züge, auch aus Österreich und der Schweiz, enden in Rom. Von dort fährt ca. stündlich ein Schnellzug. Der reservierungspflichtige Eurostar ist seinen hohen Preis auf der Strecke Rom–Neapel nicht unbedingt wert.

**Fahrplanauskunft:** 7–21 Uhr
Tel. 89 20 21, www.trenitalia.com

## Mit dem Auto

Italiens Autobahn ist gebührenpflichtig. Alternative zur Barzahlung ist die Viacard (beim ADAC erhältlich).

# Reise-Infos

Die A1 führt von Mailand bis Neapel. Am Autobahnkreuz Napoli-Nord beginnt die *tangenziale*, der städtische Autobahnring (0,65 €), Abfahrt ins Zentrum ist Stazione Centrale oder Capodimonte.

Der Verkehr in der Innenstadt ist chaotisch und folgt eigenen Regeln. Nur die Neapolitaner wissen, welche rote Ampel verbindlich und welche eine bloße Empfehlung ist …

**Achtung:** Auch tagsüber müssen die Autoscheinwerfer eingeschaltet werden.

**Bewachte Parkplätze**

– Parcheggio Brin
  Via B. Brin (südöstlich des Hbf an der Via Marinella, K 3)
  Tel. 08 17 63 28 27
– Santa Chiara, Via Pallonetto S. Chiara (G 3, Centro antico)
  Tel. 08 15 51 63 03
– Mergellina, Via Mergellina, 112 (A 7)
  Tel. 08 17 61 34 70
– Turistico, Via De Gasperi, 14 (G 4, Parkstreifen am Hafen)
  Tel. 08 15 52 54 42

Weitere, unbewachte, aber große Parkplätze der Stadtwerke beim Stadion S. Paolo und bei der Poliklinik Cardarelli (Colli Aminei).

**Infos:** www.posteggínapoli.it

## Geld

Die meisten Hotels, Restaurants und Geschäfte akzeptieren die gängigen Kreditkarten und die bargeldlose Zahlung mit der Maestro-Card (ehemalige ec-Karte).

Mit Maestro-Card oder Kreditkarte lässt sich auch problemlos Bargeld am Geldautomaten *(bancomat)* abheben.

Umrechnungsverhältnis für Schweizer: 1 € entspricht 1,48 Sfr.

## Behinderte

Progetto Passepartout 2000 informiert über behindertengerechtes Reisen in Neapel. Die Museen verfügen in der Regel über Rampen und Aufzüge.

**Informationen:**
Tel. 08 15 64 51 56
Fax 08 15 64 53 15
www.pp2000.it (auch auf Deutsch)

## Notfall

**Carabinieri:** 112
**Polizeizeirevier:**
Polizia di Stato
Tel. 08 17 94 11 11
**Notruf:** 113
(auch Unfallrettung)
**Feuerwehr:** 115
(Vigili del fuoco)
**Pannendienst:** 116
**Anti-Camorra-Hotline:**
Tel. 08 15 51 99 99
**Ambulanz:** 118 (rund um die Uhr)
(ärztlicher Notdienst)
**Nachtapotheke:**
Alma Salus
Piazza Dante, 71
Tel. 08 15 49 93 36

### Diplomatische Vertretungen

**Deutsches Generalkonsulat**
Via Crispi, 69
Tel. 08 17 61 33 93
Fax 08 17 61 46 87

**Österreichisches Konsulat**
Corso Umberto I., 275
Tel./Fax 081 28 77 24

**Schweizerisches Konsulat**
Via Pergolesi, 1
Tel. 08 17 61 43 90
Fax 08 17 61 17 50

## Telefonieren

Aus dem Ausland, innerhalb Italiens und bei Ortsgesprächen muss immer die Ortsnetzkennzahl inklusive der Null mitgewählt werden. Für Neapel: 081. **Internationale Vorwahl** für Italien: 00 39.

Öffentliche Telefone funktionieren überwiegend mit Telefonkarten *(carta telefonica)*, die im Tabakladen *(tabacchi)* erhältlich sind.

## Öffnungszeiten

**Banken:** Mo–Fr 8.30–13.30, 14.45–15.30 Uhr
**Postämter:** Mo–Fr 8.30–13.30, Sa 8.30–12 Uhr
**Geschäfte** (Kernzeiten): Mo–Sa 9–13, 16/17–20/20.30 Uhr

Die Öffnungszeiten der Geschäfte sind flexibel, sie können auch durchgehend, am Sonntag und/oder bis 22 Uhr geöffnet haben. Einige Lebensmitelläden in der Innenstadt öffnen sonntags vormittags.

Üblich ist es, einen Nachmittag in der Woche zu schließen: Lebensmittelläden donnerstags, Buchhandlungen samstags und Modeboutiquen oft montags vormittags.

**Achtung:** An den Adventssonntagen bleiben die Geschäfte geöffnet.

## Unterwegs in Neapel

### Tarifbestimmungen

Die Fahrkarte **GiraNapoli** ist am Kiosk, an zentralen Haltestellen und im Tabakladen erhältlich.

Der Einzelfahrschein kostet 0,77 € und ist nach dem Entwerten in allen öffentlichen Verkehrsmitteln 90 Min. gültig. Er muss beim Umsteigen in die Metro oder die *funicolare* (s. S. 22) nochmals entwertet werden. Nicht zulässig sind zwei Cumana- (s. S. 22) und Funicolare-Fahrten sowie zwei Fahrten mit derselben Metrolinie mit einem Ticket.

Das **Tagesticket** für 2,32 € ist nach einmaliger Entwertung bei Fahrtantritt bis 24 Uhr gültig und gewährt die uneingeschränkte Nutzung aller öffentlichen Verkehrsmittel.

Über die Stadtgrenzen hinaus gilt für alle öffentlichen Verkehrsmittel (auch für die Metro del Mare) in Kampanien das nach Zeit- und Preiszonen gestaffelte Verkehrsverbund-Ticket **Unico.** Es ist ebenfalls am Kiosk, an zentralen Haltestellen und in Tabakläden erhältlich. In der Regel reicht es, beim Kauf das Ziel anzugeben und man erhält das richtige Ticket.

### ... mit der Metro

Die Metro ist das schnellste Verkehrsmittel in Neapel. Die Metronapoli Linie 1 fährt im 6–12-Min.-Takt von der Piazza Dante bis Piscinola und wird derzeit noch ausgebaut.

Die Linie 2 verkehrt im 8-Min.-Takt, Endhaltestelle ist Pozzuoli.

### ... mit Bus und Bahn

Die Busse fahren zuverlässig und das Netz ist gut ausgebaut, wenn auch zunächst etwas unübersichtlich. Ein Tipp: Die Linien R1, R2, R3 und R4 decken die wichtigsten Ziele ab.

**Auskunft**

Tel. 800 63 95 25, 08 17 63 21 77
www.anm.it

### ... mit der Funicolare

Drei der vier Drahtseilbahnen verbinden die Innenstadt mit dem Vomero-Viertel (jeweils Endhaltestelle) und sind die schnellste Möglichkeit, dorthin zu gelangen. Die *funicolare* von Mergellina endet auf dem Posillipo.

### ... mit der Circumvesuviana

Die Nahverkehrsbahn, genannt Vesuviana, verbindet Neapel mit den Gemeinden um den Vesuv. Bahnen der Linie Napoli–Sorrento fahren alle 30 Min. ab der Piazza Garibaldi (Tiefbahnhof, K 2) oder ab dem Endbahnhof Corso Garibaldi (J 3).

**Auskunft**

Tel. 08 17 72 24 44, www.vesuviana.it

### ... mit der Cumana und der Circhumflegrea

Beide Nahverkehrsbahnen verbinden Neapel ab Bahnhof Piazza Montesanto (E 3) mit der westlichen Vorstadt und den Ortschaften der Campi Flegrei.

**Auskunft**

Tel. 800 00 16 16
www.sepsa.it

### ... mit Fähren und Tragflügelbooten

Fähren und Tragflügelboote legen etwa stdl. am Molo Beverello (an der Piazza Municipio) und im Hafen von Mergellina ab und verbinden Neapel mit den Inseln im Golf (Capri, Ischia, Procida) und mit Sorrent. Die aktuellen Fahrpläne sind in den Tageszeitungen »Il Mattino« oder »La Repubblica« zu finden.

### ... mit der Meeres-Metro

Die Metrò del Mare verbindet von Mai bis Mitte Okt. den Hafen Neapels (Molo Beverello ) zweimal tgl. mit Ortschaften im Golf von Neapel und Salerno.

**MM1:** Sorrent–Neapel–Monte di Procida
**MM 2:** Bacoli–Neapel–Salerno
**MM 3:** Bacoli–Neapel–Sorrent–Amalfi
**MM4:** Neapel–Cilento (im Juni, Sept. nur an Wochenenden, Juli, Aug. tgl.)

**Auskunft & Tickets**

Info-Tel. 199 44 66 44
www.metrodelmare.com
Aktuelle Fahrpläne in der Tageszeitung »Il Mattino«. Ticketverkauf *(ticket unico*, Staffelpreise) u. a. in der Hafenbar, am Hafenschalter oder an Bord

### ... mit dem Taxi

Die Grundgebühr für ein Taxi beträgt 2,60 €, pro weiteren gefahrenen 75 m kommen 0,05 € hinzu. Der Mindestpreis beträgt 4,15 €. Eine Übersicht über eine Reihe von Zuschlägen ist in jedem Wagen vorhanden. Die Taxen stehen an allen größeren Plätzen.

**Taxi-Ruf**

Consortaxi: Tel. 08 15 52 52 52
Free: Tel. 08 15 51 51 51
Napoli: Tel. 08 15 56 44 44
Partenope: Tel. 08 15 56 02 02

### ... mit dem Leihwagen

Die Büros der internationalen Firmen befinden sich am Flughafen, teils am Hauptbahnhof und in der Stadt.

**Avis**
Tel. 08 17 80 57 90
**Hertz**
Tel. 08 17 80 29 71
**Italrent**
Tel. 08 15 99 13 16
**Maggiore**
Tel. 08 17 80 30 11

Günstiger kann das Buchen einige Tage vor Reisebeginn von zu Hause aus sein, z. B. bei TUI Cars. Zu buchen in Reisebüros unter Tel. 05 11 567 89 17 oder über Tuicars@tui.de.

### … mit dem Fahrrad

**Bidonville**
Via G. Summonte, 17 (G 3)
Tel. 08 15 51 72 10
www.bidonville.org
Nov.–April So 8–13.30,
Mai–Okt. So 8–19 Uhr
(bei gutem Wetter)
Leihgebühr pro Mountainbike 3 €/Std.
Räder auf Anfrage unter der Woche in der Innenstadt (Adresse s. o.)

**Ausleihstationen**
- im Park von Capodimonte an der Porta di Mezzo (außerhalb, s. Einklinker in der großen Faltkarte)
- an der Villa Comunale (Uferseite, nahe Piazza Vittoria, C/D 6)
- im Parco Virgiliano Stadtteil Posillipo (außerhalb)

Der Recycling-Verein Bidonville verleiht Sonntagvormittags in den Parks von Neapel Mountainbikes (auf Wunsch inkl. Kindersitz, auch Kinderräder), um den Neapolitanern so die Freude am Radfahren näher zu bringen. Bislang ist die Zahl der Biker in Neapels Innenstadt mäßig, doch in den letzten Jahren ansteigend.

Wer in Neapel Rad fährt, sollte die **Höhenunterschiede** bedenken. Eine Fahrt auf den Vomero oder nach Capodimonte erfordert schon ein wenig Anstrengung und führt mitten durch den Verkehr, zumal es in Neapel noch keine Radwege gibt. Deswegen empfielt sich vor allem die **Route am Meer** entlang, wo auch das Fahren auf dem Bürgersteig geduldet wird, da die Via Caracciolo Einbahnstraße ist. Für eine entspannte Fahrt, besonders mit Kindern, eignen sich am besten die verkehrsfreien Zonen oder eben die Parks. Die Via Carracciolo im Bereich der Villa Comunale ist am Sonntag früh gesperrt.

**Napolibike (C 6)**
Riviera di Chiaia, 201 (Villa Pignatelli)
Tel. 081 41 19 34, www.napolibike.com
Fahrradladen und -verleih, 5 € pro Stunde, ab drei Tagen 10 € pro Tag.

## Stadtführungen

**G.A.T.A.**
Tel. 08 18 61 56 61, gatadue@tin.it
2-stündige Führung ca. 95 €,
4-stündige Führung ca. 150 €
Gruppen von 2–25 Pers.
Anmeldung mind. 1 Tag im Voraus
Die Kooperative kampanischer Stadtführer bietet Führungen in deutscher Sprache für Neapel und Umgebung an.

**Discovernaples**
Tel. 081 44 67 99
www.dicovernaples.net
Führungen auf Deutsch in Neapel und Umgebung.

**Weitere Führungen** finden nur sporadisch oder am Wochenende statt und werden von Kulturvereinen organisiert (s. S. 80).

# Zu Gast i

Vergessen Sie die Horrorgeschichten über Neapel! Befreien Sie sich vom Ordnungsprinzip, um in das regellos wirkende Leben der Stadt einzutauchen! Dieser Neapel-Führer gibt Ihnen nützliche Tipps und ausgewählte Adressen an die Hand, damit Ihr Aufenthalt zu einem Erlebnis wird:verschwiegene Hotels, typische Trattorien, verführerische Gelaterien, angesagte Trendlokale, Highlights der Kulturszene,

# n Neapel

ungewöhnliche Adressen für den Einkaufsrausch, bedeutende und scheinbar unscheinbare Sehenswürdigkeiten … Der große Faltplan hilft bei der problemlosen Orientierung, denn die Gitternetzangaben bei allen Adressen ersparen langes Suchen. Wer jedoch das verführerische Neapel auf ungewöhnlichen Streifzügen kennen lernen möchte, sollte sich von den fünf Touren ab Seite 108 leiten lassen …

# Übernachten

Viel Luxus und eine wunderbare Aussicht bietet das Excelsior

## Spitzenzeiten

Neapel hat im Vergleich zu anderen italienischen Großstädten und Metropolen eine sehr niedrige Bettenkapazität. Sie haben mehr als 100 Möglichkeiten, um in Neapel zu übernachten – doch manchmal auch keine, was Ihnen zwischen April und Juli, im September und Dezember passieren kann. Dann sind alle Hotels für Spontanbesucher chancenlos ausgebucht.

## Hotelausstattung und -klassifizierung

Zur Orientierung: Die meisten der hier ausgewählten Unterkünfte liegen zentral und sind vom Flughafen oder Bahnhof aus problemlos zu erreichen.

Bei der Hotelreservierung sollte man nicht von vornherein auf die besseren Kategorien schielen. Das Klischee vom gefährdeten Schläfer in unsauberen Betten und Zimmern gilt längst nicht mehr. Die Weltoffenheit der Neapolitaner zeigt sich auch, wenn ein einfacher, bodenständiger Familienvater hinter der Rezeption einer preislich moderaten Unterkunft steht.

Hier sind daher vor allem solche Hotels aufgeführt, die dem erwarteten Standard eines aus Nordeuropa anreisenden Gastes entsprechen, ohne ein standardisiertes Ambiente zu bieten.

Ratsam ist es, sich bei der Reservierung günstiger und moderater Hotels genauer nach dem Zimmer zu erkundigen. Zahle ich beim Blick aufs Meer mehr? Ist das Bad *in comune,* also für mehrere Gäste gedacht? Oder zur Straßenseite? Kleinere Pensionen bieten hin und wieder auch größere Zimmer für ganze Familien an.

Ein Tipp: Schauen Sie bei den Hotels nicht nach Sternen, sondern vertrauen Sie den hier aufgestellten Kategorien!

Zum Renner entwickelt haben sich in meist privaten und sehr stilvoll eingerichteten Wohnungen des gehobenen Bürgertums die nicht immer billigen Angebote zum Bed & Breakfast, von denen es in Neapel inzwischen mehr als 50 gibt. Mittlerweile gibt es Organisationen, die Angebot und Nachfrage koordinieren.

### Preise

Alle hier genannten Übernachtungspreise beziehen sich auf die Saison 2004 für zwei Personen im Doppelzimmer (DZ). Die Preise sind exklusive Frühstück, falls im Text nicht anders vermerkt.

## Günstige Hotels & Backpacker Hostels

### Bellini (G 2)

Via San Paolo, 44
Tel. 081 45 69 96
Fax 081 29 22 56
www.export.it/hotelbellini
Centro antico
DZ 51–76 €

Gute Adresse im historischen Zentrum, versteckt in den verwinkelten Gassen Neapels. Ein Hotel mit Ausstahlung, das 13 Zimmer mit Bad vermietet. Jedes ist anders eingerichtet, je nach Größe und Zuschnitt des Raums. Hausherr Antonio und seine Familie helfen, wo es geht. Im Angebot auch ein Appartement für fünf Personen (200 €).

### Casanova Hotel (J 2)

Corso Garibaldi, 333
Via Venezia, 2
Tel. 081 26 82 87
Fax 081 26 97 92
www.hotelcasanova.com
M2: Garibaldi
DZ 51–56 €

1999 schrieb der »San Francisco Examiner« über die Location: »In einer Stadt, die für Erstbesucher, Studenten und nicht Italienisch sprechende Rucksackreisende schon furchterregend sein kann, bietet das Casanova außergewöhnliche Qualität zu vernünftigen Preisen.« Das ist auch nach der Renovierung 2003 noch aktuell – fast alle Zimmer sind mit Bad und TV, die Preise die alten geblieben. Tatsächlich wollen die zwei fließend englischsprachigen Brüder ihren Gästen mehr mitgeben als die ›saubere Erinnerung‹ ans ordentliche Schlafgemach. Für DuMont-Neapel Direkt-Besitzer gibt's 10 % Ermäßigung.

### Le Fontane al Mare (E 6)

Via N. Tommaseo, 14
Tel./Fax 08 17 64 34 70
C25: Vittoria
DZ ohne Bad 60 €, mit Bad bis 100 €

Wer nicht mitten in der Stadt, sondern günstig in Santa Lucia übernachten will, ist hier gut aufgehoben: eine 20-Zimmer-Pension mit dem Luxus eines Hotels und einem überaus freundlichen Service. Frühstück inklusive.

### Hostel of the Sun (G 4)

Via G.Melisurgo, 15
Tel./Fax 081 420 63 93
www.hostelnapoli.com
R 2: Bovio
Schlafsaal 16–18 €/Pers., DZ 45–50 €

Einfaches, gepflegtes Backpacker-Hostel mit herzlicher Atmosphäre.

### Margherita (C 4)

Via Cimarosa, 29
Tel./Fax 08 15 56 70 44
Funicolari zum Vomero
DZ ohne Bad 62 €

Die Deutsch-Italienerin Felicina Zattera sorgt für Ordnung in den 19 einfachen Zimmern dieser kleinen Pension auf dem Vomero. Waschgelegenheit im Zimmer, Bad auf dem Flur. Guter Standort, wenn man nicht im Zentrum oder näher am Meer übernachten will.

### Nettuno (G 3)

Via Sedile di Porto, 9
Tel./Fax 08 15 51 01 93
www.albergonettuno.com
DZ 50 € ohne Bad, 75 € mit Bad
R1, R2, R4: Bovio

Ein Etagenhotel mit zehn Zimmern, jedes gepflegt anders und nicht mit Möbeln von der Stange eingerichtet. Freundlicher Gesamteindruck, typisches Beispiel für die neue Generation der kleinen, jungen Hotellerie in Neapel.

### Pension Miraglia (G 2)

Piazza Luigi Miraglia, 386
Tel./Fax 081 45 53 82
Centro antico
DZ 45 €
Von ihrer Wohnküche aus leitet Signora Forte ihre kleine, familiäre Pension. »Am wichtigsten ist mir, dass sich meine Gäste wohlfühlen« – so ihr Credo. Acht schlichte, aber große Zimmer im zweiten Stock (Treppenaufgang im Hof rechts) teils zur Straße, teils zum Hinterhof. Ein Doppelzimmer mit Toilette, die anderen nur mit Waschbecken, Gemeinschaftsbad im Flur. Frühstück auf Wunsch für 5 € pro Person.

### San Severo (F 2)

Via Santa Maria di
Costantinopoli, 101
Tel. 081 21 09 07
Fax 081 21 16 98
www.albergosansevero.it
Centro antico
DZ ohne Bad 75 €, mit Bad bis 105 €
Das San Severo mit elf Zimmern (acht mit eigenem Bad) ist das Mutterhotel mehrerer über die Altstadt verteilter Dependancen, alles kleine Etagenhotels im renovierten Adelspalazzo. Der **Soggiorno San Severo** mit sechs Zimmern liegt an der Piazza San Domenico, 9 (G 3), das **Hotel Degas** – dort nächtigte einst der gleichnamige französische Maler – an der Piazza Gesù (F 3). Das neueste Schmuckstück der Familie Auriemma befindet sich im ersten Stock des **Palazzo Doria D'Angri,** Via VII. Settembre, 28 (F 3, M1: Piazza Dante). Neun Zimmer mit restaurierten Wandgemälden, darunter auch Fresken im pompejischen Rot. Zum Haus gehört auch ein Spiegelsaal mit Fresken. Die Zimmer der verschiedenen Dependancen sind alle im Haupthaus in der Via Costantinopoli zu buchen.

## Mittelklassehotels

### Britannique (C 5)

Corso Vittorio Emanuele, 133
Tel. 08 17 61 41 45
Fax 081 66 97 60
www.venere.com/it/napoli/britannique
M2: Piazza Amedeo,
Funicolare: Chiaia
DZ 135–170 €
Eines der alteingesessenen Traditionshotels in Neapel. Der Hotelier Salvatore Terzi nahm einst eine Britin zur Frau, pachtete 1876 einen Teil des Gebäudes und baute es langsam zur Edelherberge aus. Das Hotel ist größtenteils noch im Stil der damaligen Zeit eingerichtet, hat 86 Zimmer, Privatparkplätze, Garage, Restaurant und Gartenbar.

### Canada (A 8)

Via Mergellina, 43
Tel./Fax 081 68 09 52
R3, M2: Mergellina
DZ 93–104 €
Günstig gelegen gegenüber dem Hafen von Mergellina und auch nicht weit vom Bahnhof dieses Stadtteils entfernt. Ein komfortabel und nüchtern eingerichtetes Haus.

### Centro Turistico Napolit'amo (F 4)

Via Toledo, 148
Tel./Fax 08 15 52 36 26
www.napolitamo.it
R1, R3, R4, CS: Carità
DZ 80–85 €
Sympathisches Wortspiel: Die Brüder Felice und Dario Napolitano veränderten ihren Nachnamen ein wenig – nun heißt ihr Hotel »Neapel, ich liebe dich«. In bester Lage auf der Via Toledo haben sie in einer Etage eines alten Edelpalazzos zehn Zimmer renoviert, jedes mit Bad und freundlich eingerichtet.

### Chiaia (F 5)

Via Chiaia, 216
Tel. 081 41 55 55
Fax 081 42 23 44
www.hotelchiaia.it
R 2, R 3: Trieste e Trento
DZ 130–165 €
Kleines Hotel de Charme im ersten Stock eines Palazzos. Die edlen Zimmer sind mit den Originalmöbeln des Marchese Lecaldano eingerichtet und tragen jeweils den Namen eines Adelssprösslings. Im noblen Ambiente fühlen sich die Gastmusiker des San Carlo-Theaters wohl.

### Executive (F 4)

Via del Cerriglio, 10
Tel./Fax 08 15 52 06 11
www.executive.hotel-napoli.it
Centro antico
DZ 83–140 €
Ein kleines Hotel zwischen Hafen und altem Zentrum. In einem renovierten Kloster-Palazzo aus dem 19. Jh. wurden 19 helle, komfortable Zimmer eingerichtet, dazu Sauna und Kraftraum. Die von Blumen umgebene Dachterrasse ist nicht nur zum Frühstück offen.

### Hotel Cavour (J 2)

Piazza Garibaldi, 32
Tel. 081 28 31 22
Fax 081 28 74 88
info@cavour.com
M2: Garibaldi
DZ 110–130 €
Altes Traditionshotel, das 1990 mit Rücksicht auf den Stil des frühen 19. Jh. renoviert wurde. Trotz der belebten Lage 96 ruhige Zimmer, alle mit Bad, TV und Telefon, die meisten auch klimatisiert. Nach Zimmern mit Terrasse in den oberen Stockwerken fragen! Auf hohem Niveau ist auch die Küche von Signora Tea. Abhol-Service vom Flughafen, außerdem Angebote von Führungen und im Sommer Zusammenarbeit mit den Strandbädern von Posillipo (inkl. Transfer 10 € pro Person). Kinder bis zu sechs Jahren schlafen kostenlos im DZ der Eltern.

### Hotel College Europeo (G 3)

Via Mezzocannone, 109
Tel. 08 15 51 72 54
www.sea-hotels.com
Centro antico
DZ ohne Bad 52 €, mit Bad bis 85 €
Frühzeitige Reservierung empfohlen, denn das Etagenhotel im Hinterhaus ist manchmal kurzfristig komplett ausgebucht. Die 27 Zimmer haben meist Telefon, Bar und TV und sind klein, sauber und modern, was der Neapel-Besucher von außen so sicher nicht erwartet hätte. Cent-Münzen bereithalten für den Aufzug, der sonntags kostenlos ist.

### Hotel Crispi (B 5/6)

Via Francesco Crispi, 104
Tel./Fax 081 66 80 48
C25: Crispi
DZ 90 €
Zwölf einfache Zimmer, alle mit Bad, TV und Minibar. Recht ruhig gelegen und

## Familienfreundlich

Die meisten Pensionen, kleinere Hotels und Bed&Breakfast-Adressen nehmen Kinder freundlich auf, haben Mehrbettenzimmer im Angebot und stellen die Küche zur Verfügung, damit Mutter oder Vater Breis und Tees zubereiten können. Zwei familienfreundliche Hotels sind das Centro Turistico Napolit'amo (s. S. 28) und das Toledo (s. S. 30f.).

doch nicht weit vom Nachtleben in Chiaia entfernt.

### Mexico (J 1)

Via Cesare Rosaroll, 13
Tel. 081 26 63 30
Fax 081 26 82 84
M1: Rosaroll
DZ 100–130 €
Eines der sympathischeren Hotels in der Bahnhofsgegend. Von außen einladend rot angestrichen, wirkt es von innen genauso freundlich und offen. Dementsprechend sind der Service und die sauberen Zimmer. Großes Frühstücksbuffet. Autostellplatz: 16 € pro Tag.

### Pinto-Storey (C 5)

Via G. Martucci, 72
Tel./Fax 081 68 12 60
www.pintostorey.it
M2: Amedeo
DZ 124–135 €
Hier wohnten schon in der Romantik höher gestellte englische Damen, die sich hier in der Sommerfrische befanden. Seinem Ruf wird das Hotel auch heute noch gerecht. Das Pinto-Storey gibt es seit 1868, der altenglische Stil ist erhalten geblieben und wird von einer frischen und familiären Atmosphäre ergänzt.

### San Marco Hotel (G 4)

Calata San Marco, 26
Tel./Fax 08 15 52 03 38
C25, R1–4: Via Medina
DZ 105–135 €
Giovanni Sequino und seine Frau bieten 13, zum Jahrtausendwechsel renovierte, sympathisch-helle Zimmer in guter Lage nahe am Hafen an.

### Toledo (F 4)

Via Montecalvario,15
Tel. 081 40 68 71

**Freundlich und offen: der Empfang im Hotel Mexico**

Seit Dezember 2001 kann man hier mit Blick auf die älteste Säule Neapels im 4-Sterne-Hotel übernachten. Im stilvollen Inneren des sanierrten historischen Altstadt-Palazzos ist noch viel von der alten Bausubstanz zu sehen. Elf Zimmer mit Sat-TV, ISDN-Telefon, Internet-Anschluss – und manche gar mit Whirlpool.

Fax 081 40 68 00
www.hoteltoledo.com
R1, R3, R4, CS: Carità
DZ 83–180 €
Modern eingerichtet, auf drei Ebenen in einem Haus im Spanischen Viertel und nahe zu allen Verkehrsverbindungen. 18 komfortable Zimmer, manche klimatisiert und mit kleiner Terrasse. Parkplätze und Babysitter-Service.

## Gehobener Komfort

### Caravaggio Hotel (H 2)

Piazza Sisto Riaro Sforza, 157
Tel. 081 21 10 066
Fax 081 44 21 578
www.caravaggiohotel.it
Centro antico
DZ 130–165 €, großes internationales/neapolitanisches Frühstücksbuffet inkl.

### San Francesco al Monte (E 4)

Corso Vittorio Emanuele, 328
Tel. 08 14 23 91 11
Fax 08 12 51 24 85
www.hotelsanfrancesco.it
Funicolare Centrale/Montesanto: Corso V. Emanuele
DZ 220–270 €
Das 2002 eröffnete Hotel befindet sich in einem Konvent aus dem 17. Jh. und bietet seinen Gästen 50 elegante Zimmer mit jedem Komfort sowie vier Suiten. Umgeben ist das große und etwas klobig wirkende Gebäude von Panoramaterrassen und einem großen Garten mit wunderbarem Blick auf die Stadt.

### Villa Capodimonte (außerh.)

Via Moiariello, 66
Tel. 081 45 90 00
Fax 081 29 93 44
www.villacapodimonte.it
160/137: Capodimonte
DZ 201 €
Von den besten das jüngste Hotel Neapels; am Rand der Stadt und am Rand zum Luxus: Baujahr 1995, Typ Gartenhotel, Lage beneidenswert nah am Park und am Museum von Capodimonte. Größter Luxus: Jedes der 60 Zimmer besitzt eine eigene Terrasse. Extras: Bibliothek, Salon, Kaminbar, Tennisplatz, Satellitenfernsehen.

## Teure Hotels

### Grand Hotel Parker's (C 5)

Corso Vittorio Emanuele, 135
Tel. 08 17 61 24 74
Fax 081 66 35 27
www.grandhotelparkers.com
M2: Amedeo,
Funicolare: Chiaia
DZ 295–330 €

Das älteste Hotel Neapels ist heute eines der drei 5-Sterne-Häuser der Stadt. 1889 gelangte es in den Besitz des Biologen George Parker, der als Meeresschwamm-Spezialist arbeitete und im damals noch »Tramonto Beaurivage« genannten Hotel wohnte. Dessen Besitzer hatte so viel Pech im Glücksspiel, dass er das Haus verkaufen musste. Als der Hoteldirektor mit einem Schätzer auch Parkers Zimmer besichtigen wollte, bat der Engländer darum, nur keine Schwierigkeiten zu machen und ihm einfach das ganze Hotel auf die Rechnung zu setzen.

### Grand Hotel Santa Lucia (F 7)

Via Partenope, 46
Tel. 08 17 64 06 66
Fax 08 17 64 85 80
www.santalucia.it
C25, 152: Santa Lucia
DZ 255 €

Genauso schön wie die gleichlautende Melodie, mit der die Emigranten einst ihre Heimatsehnsucht bereits beim Verlassen des Hafens intonierten. Vorwiegend in Blautönen gehalten, ist schon an der Rezeption das Ambiente aus höchster Eleganz und feiner Leichtigkeit zu fühlen.

### Vesuvio (F 7)

Via Partenope, 45
Tel. 08 17 64 00 44
Fax 08 17 64 44 83
www.vesuvio.it
C25, 152: Santa Lucia
DZ 370 €

Prominente Gäste der Vergangenheit: Rita Hayworth, Oscar Wilde und Clark Gable, Politiker, Prinzen, arabische Scheichs. Der bekannteste Sänger Italiens verließ das Vesuvio nicht mehr aus eigener Kraft: An die letzten Stunden von Enrico Caruso erinnern das Dachrestaurant und die größte Suite im Haus. Beide tragen seinen Namen, und in der Suite steht noch immer das Piano des Stimmwunders. Das Vesuvio, das älteste Hotel am *lungomare,* steht dort seit 1882, wurde 1989 saniert und lässt seitdem für gut gefüllte Reisekassen keine Wünsche offen.

## Bed & Breakfast

### B&B G. Caiazzo (G 2)

Via S. Pietro a Maiella, 16
Tel. 081 45 91 85
bandbnapoli@hotmail.com
Centro antico
DZ 68 €, ab 4 Tagen 64 €

Ein B&B wie er im Buch steht: Seit 1998 behergen die Shaitsu-Lehrerin Gabriella Caiazzo und ihr Mann Eduardo Gäste aus aller Welt in ihrer hellen Altstadtwohnung. Drei Zimmer, zwei Bäder, herrliches Panorama vom 3. Stock auf den Vesuv und San Martino, Dachterrasse und Kater Figaro. Kinder willkommen. Mindestaufenthalt zwei Tage.

### Portalba33 (F 2)

Via Port'Alba, 33
Tel. 081 549 32 51
www.portalba33.it
M1: Dante
DZ 140 €

Der Edel-B&B von Francesca Pacifico und Gabriella Chistis ist derzeit der absolute Trendsetter in seiner Kategorie. Die durchgestylte Raffinesse der Zimmer – orientalische Kissen, Baldachine, antike Möbel, Luxusbäder – lockt illustre Gäste aus der Mode- und Filmwelt an. Zur Verfügung stehen u. a. Frisör, Kosmetikerin, Fitnessgeräte und persönlicher Trainer.

### Soggiorno B&B Paradiso (G 2)

Via Purgatorio ad Arco, 7
Centro antico
Tel. 081 44 21 579
Fax 081 21 10 347
www.soggiornoparadiso.it
DZ 85–95 €
Der Soggiorno in der schmalen Altstadtgasse bietet den Komfort eines Hotels. Elegante Zimmer mit einem Hauch Barock, alle mit Bad, Balkon und TV.

### Tribù Napoli B&B (G 2)

Via dei Tribunali, 339
Tel. 081 45 57 93
www.tribunapoli.com
Centro antico
DZ 80–90 €
Eleganter B&B im Palazzo D'Angiò. Geschmackvolle, moderne Zimmer im alten Gemäuer. Mit Terrasse und Esszimmer.

### I Vicoletti (F 2)

Via San Domenico Soriano, 46
Tel. 08 15 49 46 44
Fax 08 15 44 80 06
www.ivicoletti.it
DZ 60–75 €
R1, R4, CS: Dante
Alessandra Simeone hat den B&B von ihrer Schwester übernommen und seit 1999 die Bettenzahl verdoppelt. Zehn freundliche, individuell eingerichtete Zimmer (mit und ohne Bad), große Terrasse. Sehr beliebt bei Kulturschaffenden.

## Appartements

### RENTaBED (E 5)

Vico Sergente Maggiore, 16
Tel. 081 41 77 21
rentabed@tiscalinet.it
www.rentabed.com
Funicolare: Centrale
Vermittlung von Privatzimmern, B&Bs, Appartements und Hotelzimmern.

s.auch: **Hotel Bellini** (S. 27) und **B&B G. Caiazzo** (S. 32)

## Jugendherberge

### Ostello Mergellina (A 7)

Salita della grotta, 23
Tel. 08 17 61 23 46
ostellonapoli@virgilio.it
M2: Mergellina
Schlafsaalbett 14 €
Moderne, komfortable Jugendherberge mit 200 Betten.

## Camping

Via Solfatara, 161/Pozzuoli
(s. Rückseite des großen Faltplans)
Tel. 08 15 26 23 41
www.solfatara.it
M2: Pozzuoli
Platz ca. 11 € pro Nacht,
Bungalows ab 37 €
Lauschiger, schattiger Platz neben dem Solfatata-Vulkan auf einem Terrain mit 30 ha Wald und Macchia (je nach Windrichtung riecht's schon mal nach Schwefel). Viel Komfort, Pool, Natursauna, Camper-Service, Restaurant, Bar, Lebensmittel, Internet. Gemischtes Publikum. Zelte und Wohnwagen zu mieten.

# Essen & Trinken

Ob Manager oder Arbeiter – vor der Pizza sind alle gleich

## Willkommen im Land der »mangiamaccheroni«?

Die zerlumpten Gestalten, die Nudeln mit den Fingern essen, haben das Bild der neapolitanischen Küche lange geprägt. Mittlerweile ist Pasta in der halben Welt beliebt, und sogar Feinschmecker nehmen sich ihrer an. In Neapel ist sie immer noch der wichtigste Gang innerhalb des Essens und wird sowohl mittags als auch abends verzehrt.

Neapolitaner gehören zu den Italienern, die im landesweiten Vergleich besonders ausgedehnte Essenszeiten beanspruchen: täglich ca. eine Stunde fürs Mittagessen, während es die Mailänder in ein paar Minuten hinunterschlingen. Die Menschen am Golf sind traditionsbewusste und kritische Genießer. Das leibliche Wohl ist ihnen sehr wichtig und das kulinarische Niveau dementsprechend hoch. Das liegt auch an der Qualität der Grundzutaten. Die fruchtbare Vulkanerde im Golf und im Hinterland der Stadt ist ein idealer Boden für den Gemüseanbau, den die Araber im frühen Mittelalter am Vesuv einführten. Angeblich sollen sie damals auch die Pasta über Sizilien importiert haben.

Bevor die *pasta alimentare* aus Hartweizenteig ihren Siegeszug angetreten hat, gehörten Hülsenfrüchte und Blattgemüse zu den festen Bestandteilen des Speiseplans. Diese kulinarische Tradition ist in den vielen Eintöpfen und Gemüse-Pasta-Kombinationen noch lebendig und erinnert an die Zeit, als der amerikanische Kontinent mitsamt der Tomate noch unbekannt war.

Wer gerne Fisch isst, sollte lokale Fischgerichte bevorzugen (z. B. *frittura del golfo*, ausgebackene Sardinen oder Tintenfisch). Diese Fischsorten gibt es reichlich im Golf von Neapel und sie sind von zuverlässiger Frische. Goldbrassen und Seebrassen *(orate, spigole)* kommen zunehmend aus der Aufzucht.

## Pizzeria, Trattoria, Ristorante & Co.

Das Angebot an Lokalen beginnt mit dem einfachen Mittagstisch *(tavola calda)*, wo die Speisen vorbereitet und in Auslagen präsentiert werden. Sehr beliebt sind Traditionslokale wie **Trattorien** und **Osterien** – diese Inseln der Volkskultur und -küche sind häufig nur mittags geöffnet und bieten die so genannte *cucina casareccia* an (Essen wie zu Hause). Einige dieser Trattorien verstecken sich im Hinterzimmer von Weinläden oder Lebensmittelgeschäften. Im Gegensatz zum Ristorante stellen diese Lokale keine feste Speisekarte bereit. Entweder hängt eine Tageskarte an der Wand oder das Angebot wird von der Bedienung vorgetragen.

Die kulinarische Vielfalt endet bei den **Ristoranti** der gehobenen Klasse, die sehr oft ebenfalls auf die klassische neapolitanische Küche zurückgreifen, diese aber verfeinern und den Gourmet-Gaumen des 21. Jh. anpassen.

Vor der Pizza allerdings sind alle gleich. In den einfachen **Pizzerien,** die ausschließlich die köstlichen Teigfladen backen, treffen sich von morgens bis abends alle sozialen Schichten und Altersklassen und konzentrieren sich auf den Geschmack des Wesentlichen. Pizza-Essen ist in Neapel ein minimalistisches Vergnügen,entsprechend einfach ist die Ausstattung der schlichten, klassischen Pizzerien: Marmortische, Papierservietten, Plastikbecher.

Nicht immer allerdings lassen sich die kulinarischen Grenzen zwischen Pizzeria, Trattoria und Restaurant so klar ziehen. Viele Restaurants backen auch Pizza, und manch eine Osteria ist insgeheim doch ein Restaurant mit fester Speisekarte.

Im Restaurant ist es übrigens üblich, am Eingang zu warten. Die Bedienung fragt nach der Personenzahl und bietet einen Tisch an. Ist es nach dem Essen spät geworden, sollte die Frage nach weiteren Wünschen mit der Bitte nach der Rechnung beantwortet werden.

## Kulinarischer Tagesablauf

Der Tag beginnt mit einem *caffè* und Frühstückgebäck, z. B. einem *cornetto* (Hörnchen) oder einer *sfogliatella*. Manch ein Neapolitaner verzichtet auf Süßes und isst gegen 10/11 Uhr eine Pizza, zweimal gefaltet *(piegata a libretto)* und in Papier eingewickelt aus der Hand oder lässt sich im Lebensmittelladen ein belegtes Brötchen *(colazione)* zubereiten.

Das Mittagessen *(pranzo)* besteht meistens aus zwei Gängen *(primo* und *secondo)*. Auf Nudeln oder Gemüsesuppen folgen Fleisch oder Fisch, begleitet von einer Gemüsebeilage *(contorno)*, die extra bestellt werden muss und auch als *secondo* genügen kann. Statt Nachtisch *(dolce)* nehmen viele nur einen *caffè*.

Das Abendessen *(cena)* gegen 21 Uhr fällt meistens umfangreicher aus. Eine Vorspeise *(antipasto)* geht den Hauptgängen voraus, ein Nachtisch oder Obst *(frutta)* können folgen.

## Preise und Bezahlen

Ein gutes Menü im Restaurant ist auch in Neapel nicht mehr billig (25–35 €). Mit dem Euro haben sich auch die Preise europäisiert. Gut und relativ günstig dagegen ist das Essen vor allem in jenen Trattorien, die nur einen Mittagstisch anbieten (10–20 €). Eine preiswerte Alternative für Abends ist die Pizzeria (ab 5 €).

Die meisten Restaurants akzeptieren die gängigen Kreditkarten Mastercard und Visa oder die Maestro-Card (hat die ec-Karte ersetzt), allerdings nicht immer die einfachen, volksnahen Lokale und Pizzerien. Dort muss bar bezahlt werden. Die Rechnung wird übrigens immer für den gesamten Tisch ausgestellt. Einzeln zu bezahlen ist unüblich. Ein Trinkgeld von 5–10 % ist kein absolutes Muss, vielmehr eine nette Geste, und bleibt auf dem Tisch liegen, auch wenn man mit Kreditkarte zahlt.

## Öffnungszeiten

Restaurants öffnen etwa von 12.30 bis 15.30 und von 20 bis 23.30 Uhr, Pizzerien meistens schon gegen 11 bzw. 19 Uhr. Im Sommer gehen viele Neapolitaner erst gegen 22 Uhr essen, die Lokale schließen dann häufig erst gegen 1 Uhr. Ruhetag ist Sonntag oder Montag, Ferien sind im August.

# Kulinarisches Lexikon

## Spezialitäten auf der Karte

**Alici fritte** Frische ausgebackene Sardellen

**Alici marinate** Marinierte Sardellen

**Arancino** Kegelförmiges »Reisbällchen« mit *ragù* gefüllt

**Babà al rhum** Savarin-Verwandter im Rumbad

**Delizia al limone** Zitronentörtchen

**Friarielli** autochthone herb-aromatische Brokkolisorte

**Gatò** Kartoffelauflauf mit Schinken, Ei, Mozzarella

**Genovese** Pastasauce aus Zwiebeln und Rindfleisch

**Gnocchi alla sorrentina** Gnocchi mit Mozzarella und Tomate

**Impepata di cozze** Gedünstete Miesmuscheln mit Petersilie und Pfeffer

**Minestra maritata** Reichhaltiger Blattgemüse-Eintopf mit Fleisch

**Mozzarella di Bufala** Mozzarella aus Büffelkuhmilch

**Mozarella di Bufala in carozza** … ausgebacken in Brot und Ei

**Nocillo** Nusslikör

**Parmigiana di melanzane** Auberginen geschichtet mit Tomatensauce und Pamesan. Parmigiana gibt es auch aus Zucchini oder Artischocken *(carciofi)*

**Pasta e ceci** Pasta mit Kichererbsen

**Pasta e fagioli** ... mit Bohnen

**Pasta e patate** ... mit Kartoffeln

**Pasta e cavolfiore** … mit Blumenkohl

**Pasta al ragù** ... mit Ragù (s. u.)

**Pastiera napoletana** Ricotta-Weizen-Torte kandierten Früchten

**Pesce all'acqua pazza** Fisch (Brasse, Seebarsch, Drachenkopf, Knurrhahn o. ä.) gedünstet in Öl, Knoblauch und Wein mit kleinen Tomaten

**Pizza Margherita** Pizza mit Tomate und Fior di latte

**Pizza Marinara** … mit Tomate, Origano, Knoblauch

**Pizza Ripieno** Gefüllte Pizza

**Polipo affogato/in cassuola** Tintenfisch in Tomaten geschmort

**Polipo all'insalata** Tintenfischsalat

**Polpette all'sugo** Fleischbällchen in Tomatensauce

**Provola affumicata** Geräucherter Mozzarella

**Ragù** Stundenlang geköchelte Tomatensoße mit (Rind-)Fleisch oder Rouladen

**Sartù** ›Barockes‹ Reisgericht mit Pilzen, Erbsen, winzigen Fleischbällchen, Parmesan, Mozzarella, mit oder ohne Tomate

**Scarola** Endivien, meist gedünstet mit Oliven, Rosinen, Pinienkernen

**Sfogliatella** Neapels süßes, gefülltes Geheimnis (s. S. 116)

**Sfogliatella frolla** ... aus Mürbeteig

**Sfogliatella riccia** …original aus knusprigen Teigschichten

**Soffritto** pikanter Wintereintopf aus Tomaten, Schweinefleisch, Innereien

**Struffoli** traditionelle Süßspeise zur Weihnachtszeit

**Torta caprese** Mandelschokotorte

**Zeppole** ausgebackene Hefeteigbällchen, süß oder salzig

**Zucchini a scapece** marinierte gebratene Zucchini

## Pasta

**Pasta e …** Nudeln mit …
**… cavolfiore** … Blumenkohl
**… ceci** … Kichererbsen
**… fagioli** … Bohnen
**… patate** … Kartoffeln

## Fisch & Meeresfrüchte

**Acciughe** Ölsardellen
**Alici** Sardellen
**Aragosta** Languste, Hummer
**Astice** Hummer
**Baccalà** Stockfisch
**Calamari** Tintenfisch
**Coccio** Knurrhahn
**Cozze** Miesmuscheln
**Dentice** Zahnbrasse
**Gamberetti** Krabben
**Granchio** Krebse
**Orata** Goldbrasse
**Ostriche** Austern
**Polipo** Polyp/Tintenfisch
**Pesce spada** Schwertfisch
**Sarago** Brasse
**Scorfano** Drachenkopf
**Spigole** Seebrasse
**Tonno** Thunfisch
**Totano** Pfeilkalamar
**Triglia** Seebarbe
**Vongole** Venusmuscheln
**Zuppa di pesce** Fischsuppe

## Fleisch

**Bistecca** Steak, inkl. Filet
**Braciole** Rouladen
**Involtini** Fleischröllchen
**Polpette** Fleischbällchen
**Pollo** Hähnchen
**Salsiccia** grobe Bratwurst

## Obst & Gemüse

**Aglio** Knoblauch
**Arancia** Orangen
**Carciofi** Artischocken
**Cetriolo** Salatgurke
**Cigliege** Kirschen
**Cipolle** Zwiebeln
**Cocomero** Wassermelone
**Fichi** Feigen
**Finocchio** Fenchel
**Fiorilli** Zucchiniblüten
**Frutta** Obst
**Lenticchie** Linsen
**Limone** Zitrone
**Mela** Apfel
**Melanzane** Auberginen
**Olive** Oliven
**Peperone** Paprika
**Pera** Birne
**Pesca** Pfirsich
**Pomodori** Tomaten
**Porro** Lauch
**Riso** Reis
**Scarola** Endivien
**Sedano** Sellerie
**Spinacio** Spinat
**Verdure** Gemüse(beilagen)
**Zucca** Kürbis

## Süßspeisen

**Frutta fresca** frisches Obst
**… di stagioni** … nach Saison
**Macedonia** Obstsalat
**Torta** Torte
**… di cioccolato** Schokoladentorte
**… di limone** Zitronentorte
**… caprese** Mandelschokotorte

## Getränke

**Birra** Bier
**Latte** Milch
**Latte di mandorla** Mandelmilch
**Limonata** Limonade
**Limoncello** Zitronenlikör
**Tè** Tee
**Vino** Wein

## Bars, Cafés & Eisdielen

### Chalet Ciro (A 7)

Via F. Caracciolo
(gegenüber der Via Orazio)
Do–Di 6.45–3 Uhr
M2, R 3: Mergellina
Bier- und Eiscafé-Klassiker am Meeresufer von Mergellina. Unbedingt die *gelati* probieren.

### Gambrinus (F 5)

Piazza Trieste e Trento, 38
Mi–Mo 7–24 Uhr
R2, R3, 201: T. Trento
Ein Gesamtkunstwerk: Die geschwungenen Bögen und Verzierungen der Decke gehen über in Farben und Formen der Törtchen mit Sahne, Schokolade und Cremes. Auf rosa, hellgelbe und kaffeebraune Glasuren folgen dekorierte *gelati* (Eis). Im angrenzenden Salon traf Giuseppe Verdi seine Geliebte, dichtete Gabriele D'Annunzio und erholten sich italienische Staatspräsidenten für die Dauer von einem *caffè* (s. Tour 5, S. 117).

### Gelati Otranto (C 4)

Via Scarlatti, 78
April–Sept. tgl. 9.30–24,
Okt.–März tgl. 9–22 Uhr
Funicolare: Centrale, Montesanto
Für das Eis von Ciro Otranto lohnt sich die Fahrt auf den Vomero. Im puristischen Kühlschrank-Ambiente bietet der Meister mit seinen Assistenten 30 Eissorten an – und alle sind cremig und geschmacksintensiv.

### Intra Moenia (G 2)

Piazza V. Bellini, 70
tgl. 10.30–2 Uhr, im Sommer und an Wochenenden bis 3 Uhr
Centro antico
Attilio Wanderling eröffnete 1987 das erste Literaturcafé, das seitdem zum Lesen, zu Lesungen und Fotoaustellungen oder einfach nur zum Verweilen in Teeraum und Wintergarten mit Blick auf die Piazza einlädt. Gute Tee-Auswahl, Aperitif, kleine Gerichte, Internet-Anschluss, viele Tische im Freien. Im Zuge der touristischen Renaissance Neapels haben die Preise auf der Piazza Bellini allerdings fast Pariser Niveau erreicht. Ausnahme ist bislang noch das **arabische Caffè,** das Schlusslicht der Lokale auf der Piazza neben Intra Moenia.

### Mexiko (F 2)

Piazza Dante, 86
Mo–Sa 7–20 Uhr
M1: Dante
Caffè-Genuss pur! Die verschiedenen Mischungen der Passalacqua-Rösterei gehören zur Mexiko-Bar wie der Schaum auf einen hervorragenden Espresso (s. Tour 5, S. 116f.). Die Sorte Harem wird aus 100 % Arabica-Bohnen hergestellt. Außer Kaffee gibt es im Sommer auch erfrischenden kalten Tee und Mandelmilch. **Weitere Mexiko-Bars** am Bahnhof (Piazza Garibaldi, 72) und auf dem Vomero (Via Scarlatti, 69). Der Passalacqua-Kaffee wird in den Bars auch in den handelsüblichen 250-Gramm-Packungen für den Hausgebrauch verkauft.

### Nilo (G 3)

Via S. Biagio dei Librai, 129
Mo–Sa 7–20.30, So 7.30–ca. 18 Uhr
Centro antico
Don Antonio dirigiert den lebhaften Kaffeebetrieb in der kleinen Bar gegenüber der Nil-Skulptur von der Kasse aus. Die *baristi* zapfen seidig-starken *caffè,* der für vertraute Kundengesichter von ihnen selbst gezuckert wird. Für alle übrigen stellen sie die Zuckerdose bereit. Eiliges Hin und Her der *garzoni,*

der Kaffee-Laufburschen, welche die umliegenden Geschäfte mit Espresso versorgen. Vor der Bar hat Don Antonio dem legendären Diego Armando Maradona in Form eines Schreins ein Denkmal gesetzt, mit echtem Fußballerhaar, das Antonio ihm ausriss – damals, als Maradona noch der Star des SSC-Napoli und Gast in der Nilbar war.

### Scaturchio (G 3)

Piazza San Domenico Maggiore, 19
tgl. 7.20–20.40 Uhr
Centro antico
»Sfogliatella für alle« muss das Ziel von Giovanni Scaturchio gewesen sein, als er 1905 sein Café eröffnete und den Inbegriff der süßen Verführung in großem Stil herstellte. Zum umfangreichen Spezialitäten-Sortiment zählen auch die Ministeriali: von Scaturchio patentierte Zartbitter-Pralinen mit einer Füllung aus Schokocreme, Alkohol und einem Hauch Minze. Mittags gibt es im Teeraum hinter der Theke auch ein warmes Essen. Auf der Piazza hat man fast ganzjährig Gelegenheit zum Draußensitzen (s. Tour 5, S. 116).

### Tico (H 2)

Via Duomo, 240
Mo–Sa 7.30–19 Uhr
CS: Duomo
Unscheinbar schaut die Bar Tico von der Straße aus, aber die Hebel der Espressomaschine werden dort noch vom Besitzer bedient, der persönlich für die Qualität seines starken, cremigen *caffè* bürgt. In der Regel nimmt nämlich in den städtischen Bars der Padrone mittlerweile einen anderen Platz ein: Er achtet darauf, dass die Kasse klingelt. Das übernehmen bei Tico aber die Angestellten. Morgens, so lange der Vorrat reicht, Frühstücksgebäck in der Auslage.

### Der Gang zur Bar: schnell & günstig

Der schnelle Gang in die Bar gehört zum Alltag. Vielerorts ist es üblich, erst an der Kasse zu zahlen und dann mit dem Bon *(scontrino)* an der Theke zu bestellen: *al banco* ist der Verzehr von Speisen und Getränken günstiger als sitzend, *al tavolo,* das geht schneller und macht weniger Arbeit. Trotzdem freuen sich auch die *baristi* über ein kleines Trinkgeld.

## Exquisit und teuer

### Da Dora (C 6)

Via F. Palasciano, 30 (Riviera di Chiaia)
Tel. 081 68 05 19
Mo–Sa 13–15, 20–24 Uhr
M2: Amedeo
Menü 45 €
Das kleine Restaurant mit den blauweiß gekachelten Zimmern macht den Eindruck bodenständiger Einfachheit. Doch Doras Küche ist ein sicherer Hafen für erlesense Fischspezialitäten und Meeresfrüchte – so frisch, dass die Garnelen roh schmecken. Das Meeresgetier ist gegrillt besonders gefragt. Abends begleitet klassische neapolitanische Musik die Speisenden im freundlichen Familienbetrieb mit renommierter Küche und anspruchsvollen Preisen.

### La Sacrestia (Posillipo, außerhalb)

Via Orazio, 116
Tel. 081 66 41 86
Di–So 13–15.30, 20–24 Uhr
Menü 50 €
140, R3, M2: Mergellina
Extravagante Raffinesse bietet Marco

Ponsiglione in einem Spitzenreiter neapolitanischer Gastronomie. Service, Küche, Weinkeller, Panoramaterrasse und Preise sind gleichermaßen auf der Höhe.

## Klassiker

### Bellini (G 2)

Via Costantinopoli, 79/80
Tel. 081 45 97 74
Juli–Sept. Mo–Sa 9–16, 19–2,
So 9–16 Uhr
Menü 25 €
R4, R1, 24, M1: Dante
Ein verlockender Duft umgibt das Restaurant, die Tischdecken an den Plätzen im Freien sind klassisch rosa, die Kellner hübsch distanziert und die Gäste eine Mischung aus besserverdienenden Neapolitanern und Urlaubern. Hausspezialität sind Nudeln mit gedünstetem Fisch, etwa mit *coccio.*

### Don Salvatore (A 7/8)

Via Mergellina, 5
Tel. 081 68 18 17
Do–Di 12.30–15.30, 19.30–24 Uhr
Menü 30 €
M2, R3: Mergellina
Im ehemaligen Schiffslager hat Tonino Aversano die neapolitanische Kochkunst des 18. und 19. Jh. aufgefrischt. Auf dem Programm stehen neben Fisch und modernisierten Klassikern je nach Saison auch Neuschöpfungen wie Scampi mit Kichererbsensauce.

### Mimì alla Ferrovia (J 1/2)

Via D'Aragona, 21
Tel. 08 15 53 85 25
Mo–Sa 12–16, 19–1 Uhr
Menü 30 €
M: Garibaldi
Mimìs Restaurant prägt ein Hauch von Belle Epoque und Art déco und gehört zu den Tempeln der neapolitanischen Küche. Die Fischspezialitäten lockten schon so illustre Gäste wie Federico Fellini an.

### Port'Alba (F 2)

Via Port'Alba, 18
Tel. 081 45 97 13
Tgl. 12–16, 19.30–1 Uhr
Pizza ab 5 €, Menü um 20 €
R1, R4, M2: Dante
Mit der *frittura all'italiana* (Kroketten, Zucchini, Mozzarella, *arancini)* beginnt oder endet im ersten Stock neben dem Stadttor fast jedes Essen. Bereits 1738 begann die Pizzabäckerei mit dem Straßenverkauf und verwandelte sich 100 Jahre später in ein Restaurant mit viel Platz für Tische im Freien.

### La Vela (außerhalb)

Porticciolo a Marechiaro
Tel. 08 17 69 23 13
Tgl. 13–16, 20–24 Uhr
140: Discesa Marechiaro
Menü 30 €
Schon der Weg durch die grüne Landschaft hinunter zum alten Fischerdorf von Marechiaro ist einen Ausflug wert. Unterhalb der Vela flicken die Fischer im winzigen Hafen ihre Netze oder bringen den Fang an Land und ins Restaurant. Die Küche ist komplett aufs Meer eingestellt: vielfältige Calamari-Vorspeisen, Pasta mit Meeresfrüchten, Muscheln, Calamari und als *secondo* frischen Fisch je nach Fanglage und Saison. Zum Nachtisch hausgemachte *dolci.*

## Mediterran

### Kebap Express (G 3)

Via Sedile di Porto, 71
Tel. 08 15 52 91 04

**Eine Kunst, die früh gelernt sein will: die Herstellung von Pasta**

tgl. 12.30–16, 20–24 Uhr
Menü 15 €
R2, R4: Bovio
In dem kleinen arabischen Restaurant lassen sich die neapolitanischen Brüder und Schwestern die Spezialitäten ihrer Verwandten schmecken: Fleischbällchen, Ausgebackenes in Gemüse, Kichererbsen und Auberginen. Immer schöne Musik zum Essen.

## Mittagessen

### Cucina Casareccia Casillo (F 3)

Vicoletto R. a Portamedina, 25
Tel. 08 15 52 22 48
Mo–Sa 12–17 Uhr
Menü ab 10 €
M2: Montesanto
Ein Schild über dem Eingang brauchen die Stammgäste der Familie Casillo nicht. Zielstrebig geht's durch die kleine Getränkegarage in den zum Lokal umfunktionierten Lagerraum. Drinnen wartet Enzo, der zusammen mit Vater Don Antonio für den Service verantwortlich ist, die Mutter steht seit 40 Jahren in der offenen Küche und macht keinen Unterschied, ob sie für Familie, Freunde, Gäste oder Fremde kocht. Italienischkenntnisse sind hilfreich, um die ›mündliche Speisekarte‹ zu verstehen.

### La Campagnola (G 2)

Via dei Tribunali, 47
Tel. 081 45 90 34
Mo–Sa 12–16 Uhr
Centro antico
Primi ab 3 €
Durch den Weinladen an der Straße geht es zum Essen ins Hinterzimmer der Osteria von Don Giovanni, die im Viertel sehr geschätzt wird und in der es zur Mittagszeit traditionelle, einfache Gerichte gibt. Donnerstags ist gewöhnlich Pasta-Genovese-Tag. Lehrer, Musiker, Schauspieler, Studenten, Arbeiter und viele Stammgäste sitzen in der 1950er-

## Frisch frittiert

Neapolitaner lieben Frittiertes: Kroketten, Bällchen aus Hefeteig oder Reis, Mozzarella, Zucchiniblüten und -stifte, Auberginenstücke – alles landet im heißen Fett, sogar die gefüllte Pizza. Am besten schmeckt der Snack als Aperitif vor dem Mittag- oder Abendessen in der klassischen Frittierstube – eine Institution, die es schon vor der Pizzeria gab. Drei gute Adressen:

– Friggitoria del Vomero (C 4)
  Via Cimarosa, 44
  Mo–Fr 9–14, 17–22,
  Sa bis ca. 23 Uhr
– Fiorenzano (E 3)
  Piazza Montesanto
  Mo–Sa 7–23 Uhr
– Di Matteo (s. S. 43)

Jahre-Einrichtung, die schon als Filmkulisse diente und füllen die Bestellzettel selbst aus. Die Tageskarte hängt an der Wand bzw. steht vor der Tür.

### Da Enzo (F 5)

Via Nardones, 10
Tel. 081 19 57 55 94
Mo–Sa 12–16 Uhr
R2, R3: Trieste e Trento
Menü ab 10 €

Seit 1946 kocht Familie D'Andrea vor allem für die Menschen aus den Quartieri Spagnoli ein kleines Repertoire der typischen *cucina casareccia* und bietet damit eine günstige Alternative zu den eher gehobenen Preisen im »Salon Neapels« zwischen Galleria Umberto, San Carlo und Piazza Plebiscito. Küche, Kasse, Bartheke und bescheidene Stühle und Tische teilen sich die wenigen Quadratmeter. Die Tageskarte steht wie üblich vor der Tür.

### Tavola Calda »Forchetta d'Oro« (F 3)

Via P. Scura, 52
Mo–Sa 10–15 Uhr
M2: Montesanto
Pasta ab 3 €

Das Schild »Tavola Calda« über dem Eingang definiert genau, was Innen wartet. Fertiges Essen steht zur Auswahl in der Theke: meistens zwei *primi*, auch Cannelloni oder Lasagne, Gemüse-*contorni* (Beilagen) je nach Saison und *secondi* aus Fleisch oder Fisch, auch *pizzette* und Brötchen. Im Hinterraum und im Obergeschoss befinden sich spartanische Sitzgelegenheiten. Alle Gerichte auch zum Mitnehmen.

### Tripperia Fiorenzano/ cibi cotti (F 3)

Via Pignasecca, 20
Mo–Sa 10–18 Uhr
M2: Montesanto
Pasta ab 3 €

Lassen Sie sich nicht von dem Fenster mit den mit Wasser besprenkelten Eingeweiden abschrecken! Wer kein Freund von Innereien ist, findet in Inneren der Tripperia (Kuttelnladen) authentische neapolitanische Volksküche, etwa *pasta e fagioli, pasta e patate* oder die immer wieder gute *pasta e pomodoro.* Slow-Food hat schon zwei Güte-Aufkleber hinterlassen. Die Tageskarte ist meist vor der Tür zu finden.

### Vini e Cucina/ Michele Massa (G 1)

Via Arena Sanità, 26
Tel. 081 45 50 41
Mo–Sa 10–16 Uhr,
abends und sonntags auf Bestellung
M1: Museo, M2: Cavour
Menü ab 10 €

Multi-Tasking auf Neapolitanisch. Auch dieses Lokal in der Sanità erweckt beim flüchtigen Blick von außen den Anschein eines Weinlokals. Es ist seit 1959 aber auch Lebensmittelladen und Osteria. Die fertigen *secondi* warten schon am Vormittag in der Frischtheke auf Abnehmer wie Handwerker und Arbeiter. Hinter dem Verkaufsraum schließt sich die Küche an. Hier kocht Signora Massa täglich vier Nudelgerichte. Eine schmale Treppe führt in den ersten Stock, wo die Tische für die Gäste gedeckt sind und hervorragende neapolitanische Volksküche serviert wird, z. B. *polpette* (gebratene Fleischbällchen) oder *scarola*-Gemüse (Endivien-Gemüse meist mit Kapern und Oliven), sowie Fischgerichte. Auch Take-away.

## Pizza

### Di Matteo (H 2)

Via dei Tribunali, 94
Tel. 081 45 52 62
Mo–Sa 8–24 Uhr
Centro antico
Pizza ab 4 €

Angeblich war der Tisch für Bill Clinton bei Brandi – dem »Erfinder der Margherita« – schon gedeckt. Aber die *pizzaioli* von Di Matteo brachten 1994 das Protokoll während des G7-Gipfels durcheinander und lockten Mr. President vom Weg ab. Das Foto über dem Backofen zeigt Clinton, die Pizza in der Hand, eingewickelt in Papier und *a libretto* zweimal gefaltet. Im schlichten Raum nebenan stehen ein paar Tische für alle, die gerne sitzen möchten.

Highlight 2

### Da Michele (H 2)

Via C. Sersale, 1
Tel. 08 15 53 92 04
Mo–Sa 10–23.30 Uhr – bzw. so lange der Teig reicht
R2, CS: Corso Umberto
Pizza ab 4 €

Wer den Ort des Pizzakultes betritt, richte sich nach folgender Gebrauchsanweisung: Dem Kellner, der zur Tür kommt – nicht dem Kassierer – die Anzahl der Gäste mitteilen, sich von ihm einen Zettel mit einer Nummer geben lassen und damit vor der Tür warten, bis die Zahl ausgerufen wird. Nach 5 bis 20 Min. zeigt einem der Kellner einen spartanischen Platz am Mamortisch und nimmt die Bestellung mit der Frage auf: »Margherita?« Alternativen wären die *pizza marinara* oder die Margherita mit doppelt Mozzarella. Auch die Getränkeauswahl ist minimalistisch: Es gibt Wasser, Cola, Fanta, Bier. Die Pizza ist dafür ein Geschmackskonzentrat! Gezahlt wird an der Kasse in Begleitung des Kellners, der sich mit dem Hinweis »Servizio a piacere« (Service nach Belieben) verabschiedet und ein kleines Trinkgeld erwartet.

### Il Pizzaiolo del Presidente (H 2)

Via dei Tribunali, 120/121
Tel. 081 21 09 03

### Pasta mista

*Pasta mista* heißt in Neapel die Mischung kleiner Nudelsorten, die meistens für Eintöpfe mit Kichererbsen, Kartoffeln oder Blattgemüse verwendet wird. Viele Trattorien bieten diese Gerichte täglich an. Die *pasta mista* gibt es fertig gemixt und abgepackt wie auch Maccheroni oder Spaghetti in der 500 Gramm-Packung.

BIRRA PERONI

Mo–Sa 10–24 Uhr
Centro antico
Pizza ab 4 €
Nachdem Ernesto Cacialli – damals noch bei Di Matteo beschäftig – Bill Clinton 1994 eine Pizza gebacken hatte, erhob er Anspruch auf den Titel »Pizzabäcker des Präsidenten« und machte sich nach jahrzehntelanger Erfahrung im Jahr 2000 selbstständig – nur wenige Meter von seinem alten Arbeitgeber entfernt. Jetzt lässt Ernesto auch schon mal andere backen und gibt seine Handwerkskunst an jüngere weiter. Die Pizza ist gut, empfehlenswert auch die *pizza fritta.* Im Tuff-Gewölbekeller stehen reichlich Tische auch für Gruppen.

### Sorbillo (G 2)

Via dei Tribunali, 32
Tel. 081 44 64 63
Mo–Sa 12.30–15, 19.30–23 Uhr
Centro antico
Pizza ab 4 €
Die Pizzeria Sorbillo gibt es gleich zweimal in der Altstadt. Wer allerdings nicht genau hinschaut, sieht in der Via dei Tribunali nur das größere Ecklokal mit der Aufschrift »Sorbillo«. Dort leitet **Gino Sorbillo** den Pizzabetrieb, der stets so gut besucht ist, dass hungrige Kunden vor der Türe Schlange stehen. Spezialität des Hauses ist die *pizza fritta al forno*, eine riesige Pizza gefüllt mit Ricotta, Mozzarella, Schinkenspeck und etwas Tomatensauce, gewürzt mit reichlich Pfeffer. Drei Eingänge weiter liegt die winzige Pizzeria von Donna Estera, der Ältesten von 21 Sorbillo Geschwistern – 15 Jungen und sechs Mädchen. Seit 1935 gibt es das Lokal mit fünf Tischen, in dem erst ihr Vater und dann sie selbst täglich den Teig für etwa 150 Pizzas knetete. Mittlerweile ist Donna Estera im Ruhestand und ihr Neffe Antonio bereitet den Teig in der Knetmaschine zu. Esterinas Bruder Patrizio bedient den Backofen, in den jede Pizza für ca. zwei Minuten geschoben wird. Viele der Stammkunden behaupten, Esteras Pizza sei die beste der Altstadt. Ihr Geheimnis: »Es muss alles gut sein. Der Teig, die Backzeit und die Pizzabäcker.«

**Was kann es Schöneres geben, als auf der Straßenterrasse einer Bar einen Snack zu nehmen**

## Trattorie & Osterie

### Antica Osteria Pisano (H 2)

Piazza Crocelle ai Mannesi, 1
Tel. 081 554 83 25
Mo–Sa 12.30–15.30, 20–24 Uhr
Menü ab 15 €
Centro antico
Auf dem Vorplatz zum Quartiere Forcella, welches noch fest in der Hand des Subproletariats ist, darf ein Lokal nicht fehlen, das die neapolitanische Volksküche am Leben erhält. Je nach saisonalem Angebot ändert sich die Tageskarte, auf der auch Fischgerichte und Meeresfrüchte stehen. Die traditionellen Gerichte werden ergänzt durch landesweit bekannte Nudelklassiker wie etwa *penne all'arrabbiata* (»Hitzige Penne«, Nudeln mit einer Sauce aus Tomaten, Zwiebeln, Knoblauch und einer Chilischote). Je nach Wetterlage stehen auch zwei bis drei Tische auf dem Bürgersteig vor dem kleinen Lokal.

### La cantina di via Sapienza (G 2)

Via La Sapienza, 40
Tel. 081 45 90 78
Mo–Sa 12.30–16 Uhr
Menü ab 12 €
Centro antico
Täglich wechselt das Angebot im Souterrain, frequentiert von Studenten und

unkonventionellem Publikum. Es gibt zwei Nudelgerichte, mehrere Hauptspeisen, immer Hühnerfleisch und Fisch, viele Beilagen und Salate, ungezwungenen Service und lockere Stimmung.

### Capasso (G 1)

Via Porta San Gennaro, 2–3
Tel. 081 45 64 21
Mi–Mo 10–16, 19–1 Uhr
M2: Cavour
Pizza und Primi ab 5 €
Neben dem alten Stadttor mit einem Gemälde des Barockmalers Matia Preti backt der *pizzaiolo* in dem unscheinbaren Lokal ein Gericht, das Neapolitaner aus ihren Kindertagen kennen: die *pizza con scarola,* gefüllt mit Endivien. Außer Pizza die übliche Palette der Neapel-Primi und Secondi, z. B. *gnocchi alla sorrentina* (Gnocchi in Tomatensauce, mit Provola-Käse oder Mozzarella und Basilikum), *spaghetti alle vongole.* Eines der wenigen Lokale der Altstadt, das auch sonntags geöffnet hat.

### La Chiacchierata (F 5)

Piazzetta Matilde Serao, 37
(Südseite der Galleria Umberto)
Tel. 081 41 14 56
Mo–Sa 12–16, Fr, Sa auch 20–24 Uhr
Menü ab 15 €
R1, R3, 24: T. Trento
Familie Canzella bietet Shopping-Gestressten, Geschäftsleuten und Angestellten ein täglich wechselndes Mittagessen: *minestre antiche* (traditionelle Gemüsesuppe), Pasta mit *ragù,* als Hauptgericht *cassuola di polipetti e calamari* (geschmorte Tintenfische und Kalamare). *Dolci* aus eigener Herstellung runden das Essen ab. Reservieren ist in der kleinen, hellen Trattoria empfohlen.

### Osteria della Mattonella (E 5)

Via G. Nicotera, 13
Tel. 081 41 65 41
Mo–Sa 13–15, 20–23 Uhr
Menü 20 €
E 3, C22: Nicotera
Der Prinz von Byzanz, alias Totò, schaut von den Wänden herab. Die Küche ist so traditionell und augenzwinkernd neapolitanisch wie der Humor des berühmten Komikers. Statt *antipasto* serviert der winzige Familienbetrieb auch häufig kleine Kostproben *(assagi),* z. B. von Nudeln mit Kichererbsen oder Linsen mit Endivien.

### Tonino (F 3)

Piazza Carità, 11
Tel. 081 551 02 06
Mi–Mo 12.30–15.30, 20–24 Uhr
R1, R3: Carità
Pizza ab 5 €, Menü 15 €
Tonino Cocacola trägt seinen originellen Beinamen nicht etwa, weil er für einen globalen Softdrink-Hersteller Werbung machen wollte. Im Nachkriegs-Neapel war der kleine Tonino oft mit amerikanischen Soldaten unterwegs, die zu jeder Gelegenheit und in jeder Bar Cola-Whiskey tranken. Tonino aber fand Whiskey scheußlich und bestellte immer und überall nur »Cocacola«! Seine Vorliebe für das Erfrischungsgetränk hat nachgelassen, seine Liebe zur einfachen neapolitanischen Küche aber ist geblieben. Diese serviert er seinen Gästen – von der Pizza bis zur Pasta.

### Vecchia Cantina (F 3)

Via S. Nicola alla Carità, 14
Tel. 08 15 52 02 26
Mo–Sa 12.30–15.30, 20–24 Uhr
R1, R3: Carità; M1: Dante
Menü 15–20 €
Trotz der Lage mitten in der quirligen Pignasecca erinnert das Ambiente in Giannis Trattoria ein wenig an Meeresrauschen und Badeurlaub. Zur Ent-

spannung gibt es ein täglich wechselndes Angebot an *primi* und *secondi,* manchmal auch frische hausgemachte Nudeln, sonst die gängigen Napoli-Gerichte, inkl. Fisch, z. B. gegrillter Kalamar. Empfehlenswert ist auch der ausgebackene *baccalà* (Stockfisch). Gutes Weinsortiment. Falls die Tür abends von innen verschlossen sein sollte, scheuen Sie sich nicht zu klingeln.

## Elegante Trattorien

### La Cantina di Triunfo (B 6)

Riviera di Chiaia, 64
Tel. 081 66 81 01
Mo–Sa 20.30–24 Uhr
Menü 25 €
R3, M2: Mergellina
Tina Triunfo widmet sich ausschließlich der alten neapolitanischen Kochkunst. Die Suche nach den Ursprüngen integriert Rezepte aus dem 2. Jh. und hält die kulinarische Tradition der Stadt- und Landbevölkerung lebendig. Gerichte, die heute kaum noch jemand originalgetreu zubreitet, weil der Aufwand zu groß ist oder die Zutaten zu teuer sind. Täglich zwei verschiedene Menüs zur Auswahl. Ambiente mit viel Liebe fürs Detail, z. B. sonniges Keramikgeschirr. Signora Triunfo kümmert sich persönlich um ihre Gäste.

### La Stanza del Gusto (E 6)

Vicoletto Sant'Arpino, 31
Tel. 081 40 15 78
Di–Sa 20–24 Uhr,
mittags nach Anfrage
Menü ab 25 €
M2: Amedeo; R1, R3 T. Trento
Mario Avallone erforscht und kocht in Vergessenheit geratene Gerichte, vor allem kampanische, von der Pasta bis zur üppigen Süßspeise – mit einem leichten Hang zum Barock. Täglich stellt er drei saisonabhängige Menüs zusammen; er verzichtet auf eine feste Menükarte. Reservieren ist bei Mario erforderlich.

### Taverna dell'Arte (G 3)

Rampe S. Giovanni Maggiore
Tel. 081 52 75 58
Mo–Sa 20–24 Uhr
Menü um 25 €
Centro antico
»In Deutschland können Sie beim Italiener zwar Spaghetti mit Venusmuscheln essen, aber keine *minestra maritata*« (Gemüseeintopf), beschreibt Alfonso die Besonderheit seiner Küche. In der Taverna leben alte kampanische Festtagsgerichte und einfache Speisen der kulinarischen Volkskultur weiter – auf hohem gastronomischen Niveau. Täglich sehr abwechslungsreiche Auswahl an Pasta, *minestra,* Fleisch-, Fisch- und Gemüse-*secondi.* Auch die Antipasti wechseln je nach Saison. Nach dem *secondo* kühlt ein frisches Basilikumsorbet den Gaumen auf *dolci*-Temperatur. Gutes Weinsortiment.

## Vegetarisch

### Un SorRiso integrale (G 2)

Vico San Pietro a Majella, 6
Tel. 081 45 50 26
Mo–Fr 13–15, Sa 20.30–0.30 Uhr
Menü um 15 €
Centro antico
Die Küche verwendet Produkte aus kontrolliertem Anbau und orientiert sich an mediterranen, orientalischen und einheimischen Rezepten. Gegessen wird zu indischer Musik im Rechteck aus den zusammengestellten Tischen. Studenten erhalten einen Sonderpreis für ein Hauptgericht plus Getränk.

# Einkaufen

Es kann nicht kurios genug sein: Antiquitätenhändler in Venedig

## Florierender Straßenverkauf

Wer in Neapel etwas verkaufen will, braucht nicht viel: eine Straße, einen Bürgersteig, eine Decke oder einen Tisch und fertig ist der Straßenverkauf. Verkauft wird in Neapel überall und alles: gefälschte Designertaschen, Batik-Kollektionen, selbstgemachter Modeschmuck, afrikanische Skulpturen, indische Räucherstäbchen, deutsche Teelichte, billige Walkmen, Lotteriescheine und Luftballons. Zum Straßenbild gehören auch die fliegenden Händler, die mit ausrangierten Kinderwagen unterwegs sind und Haushaltswaren wie Putzschwämme, Staubtücher, Gasanzünder und Haargummis anbieten. Aber auch der Six-Pack Papiertaschentücher für 0,50 € liegt immer griffbereit oben auf dem Wagen.

## Pro Branche eine Straße

Eine Besonderheit Neapels sind die Spezialstraßen. Wie in einem thematisch geordneten Bücherregal finden sich fast alle Läden einer Branche in der gleichen Straße: Juweliere und Goldschmiede im Borgo degli Orefici (rund um die Via Grande Orefici, H 3). Wer ein Hochzeitskleid oder einen -anzug und die passenden Schuhe dazu sucht, kann in der Via Duomo fündig werden, zudem spezialisiert auf Geschäfte mit Sakralartikeln. Werkstätten für Autos häufen sich in der Via dei Carrozzieri. Wo früher Kutschen und Karren zur Reparatur standen, warten heute Mechaniker Pkws. Das Zentrum der Kupfer-, Messing- und Metallverarbeitung ist die enge und kurze Rua Catalana. Buchhandlungen und Verleger wiederum besetzen die Port'Alba bis zur Piazza Dante sowie die Via Mezzocannone, wo die Università Federico II liegt. Die Geschäfte der Via San Sebastiano sind in unterschiedlicher Gewichtung auf Musikinstrumente und deren Reparaturen, klassische Musik und Noten spezialisiert. Die meisten Antiquitätenhändler konzentrieren sich um die Via Santa Maria di Costantinopoli (Zentrum), die Via Foria zwischen Piazza Cavour und Piazza Carlo III und die Via Domenico Morelli mit der Parallelstraße Vico Maria a Capella Vecchia (Santa Lucia). Die wichtigste Mode-Einkaufsmeile schließlich erstreckt sich von der Via Toledo über die Via Chiaia bis in die Via Filangieri hinein. Ab Chiaia steigt das Preisniveau mit den Niederlassungen der Designerboutiquen. Haute Couture und Prête à Porter residieren in der Via Calabritto.

## Öffnungszeiten

Sofern nicht anders angegeben, gelten die generellen Öffnungszeiten (s. Reise-Infos, S. 21).

## Antiquitäten & Trödel

### Fratelli Mellino (G 3)

Piazzetta Nilo, 18–19
Centro antico
Eine wahre Fundgrube mit Altertümchen, Waschschüsseln, Kitschobjekten und Gemälden. Die bei Fratelli Mellino ausgestellten Stücke dekorieren einen Großteil der Piazzetta Nilo. Zuverlässige Adresse für die Ausstatter von Film-Sets.

### Renato Rivieccio (G 2)

Via dei Tribunali, 363
Centro antico
Seine Erfahrungen und Beobachtungen als Antiquitätenhändler in einer der ältesten Straßen Neapels hat Rivieccio in einem eindrucksvollen Büchlein zusammengefasst. »Die Gassen. Der außerordentliche Krieg zwischen Händlern und Camorristi« erzählt in Tagebuchform vom Alltag in der Via dei Tribunali. Die Romanfiguren sind den wirklichen Protagonisten des Viertels zum Verwechseln ähnlich. Barmann, Gemüsehändler, Pizzabäcker und Kleinkriminelle leben in Rivieccios Buch auch nach Ladenschluss fort und erzählen mit Humor und Ironie vom konfliktreichen Leben in ihrer Straße – eine Komödie zu Füßen des Vesuv. Auch Renatos Geschäft ist ein Archiv neapolitanischer Realitäten. Die Vergangenheit ist in Votivgaben, Keramikschüsseln, Vasen und 1000 anderen Kleinigkeiten konserviert.

## Bücher, Zeitungen & Antiquariate

### Colonnese (G 2)

Via San Pietro a Maiella, 33
Centro antico
Antiquarisches, Raritäten, alte und neue Postkarten und Drucke sowie Bücher aus dem eigenen Verlag verlockten schon Giulio Einaudi und Umberto Eco zum Stöbern.

### Edicola (G 2)

Piazza L. Miraglia
Centro antico
Zeitungskiosk mit deutschen Tageszeitungen wie »FAZ« und »Süddeutsche«.

### evaluna (G 2)

Piazza Bellini, 72
Centro antico
Einzige Frauenbuchhandlung in Süditalien. Lia Polcari veranstaltet in ihrem Laden auch AutorInnenlesungen, Diskussionen und Kreativkurse.

### Feltrinelli (F 4)

Via S. Tommaso d'Aquino, 70
R1–4, 201: Medina
Der renommierte Feltrinelli Verlag unterhält zahlreiche Buchhandlungen in ganz Italien. Auf drei Etagen sehr gutes Buch- und Zeitschriftensortiment, viele Titel und Bildbände über Neapel, auch deutsch- und englischsprachige Literatur.

## Kunst & Handwerk

### Filippo Felaco (G 2)

Via dei Tribunali, 339
Mo–Sa 16–19 Uhr
Centro antico
Das Sortiment des jungen *ceramista* reicht von Alltagskeramik bis hin zu Designobjekten. Besonders gelungen sind die Kreationen, die über den reinen Gebrauchswert hinausreichen, z. B. die kegelförmigen Lampen und Vasen. Seine Werkstatt ist im Hof – bei »laboratorio ceramica« klingeln.

### Lisa Weber (G 3)

Via G. Paladino, 4
Di–Sa ab 11 Uhr, Mo vormittags geschl.
Centro antico
Seit 25 Jahren lebt und arbeitet die Schweizerin Lisa Weber in Neapel. Jedes der Stücke aus Porzellan, Terrakotta und Steingut ist ein Unikat, ausgestellt in einer Ecke ihrer Keramikwerkstatt: Espresso-Tässchen (ca. 8 € pro Stück), Aschenbecher, kleine und große Schüsseln, kombinierbare Teller und Unterteller, eigenwillige Servierteller. Neben der fanstasievollen Gebrauchskeramik entwirft und realisiert Frau Weber auch Wandtafeln mit filigranen Verzierungen und Zeichnungen.

### Ospedale delle Bambole (G/H 2)

Via San Biagio dei Librai, 81
Centro antico
Die kuriose Werkstatt auf der Spaccanapoli existiert schon seit 1800. Der Maestro repariert mit viel Fingerspitzengefühl kranke und verkümmerte Puppen jeder Art sowie altersschwache Pulcinella-Figuren (freche, flinke und faule Figur in weißen Schlabberklamotten aus der Commedia dell'Arte, gleichzeitig cleverer und dummdreister Wortverdreher).

**Highlight 3**

### Die Krippenmacher von San Gregorio Armeno (H 2)

Via S. Gregorio Armeno
Centro antico
Sie sind weit über die Grenzen Neapels hinaus bekannt. In der Adventszeit verwandelt sich die Querstraße zwischen der Spaccanapoli und der Via Tribunali in ein Spektakel wie aus dem Märchenbuch. Die Krippenmacher haben Hochkonjunktur – ein Besuch lohnt sich allerdings das ganze Jahr über. Das jahrhundertealte Handwerk profitiert gerne von moderner Technik: Im Stall von Bethlehem brennt elektrisches Licht und der Wasserfall ist batteriebe-

## Für Liebhaber von Kunsthandwerk

In den schmalen Straßen des Centro antico verbergen sich in den Hinterhöfen der alten Palazzi kleine Werkstätten, in denen die Grenzen zwischen Handwerk und Kunst verschwimmen. Aus Keramik, Porzellan, Ton und Papier entstehen formvollendete Vasen und Lampen. Das *laboratorio* Opus ist ein Beispiel dafür, wie alte Techniken, traditionelle Materialien und modernes Design zu fantasievollen Kreationen vereint werden. Im Hinterhof des bekannten Palazzo Carafa stellt Gigi D'Eustachio Lampen und Kandelaber aus schlichten Materialien wie Papier, Metalldrähten, Kürbisgehäusen und Tuff her. Viele Lampen erinnern an bunte Pop-Art-Gemälde (Preise um 150 €). Gängige Motive sind Vesuv, Tintenfische, Muscheln, Fische oder andere ›Alltagsgegenstände‹ Neapels. Im Sortiment auch der klassische Glücksbringer in Form einer Chilischote und kleine Schmuckobjekte (Opus, G 2/3, Via S. Biagio dei Librai 121, Centro antico, E1, falls Tor geschlossen, bei Opus klingeln; Pförtner zeigt den Weg). Ebenfalls im Hinterhof des Palazzo Carafa liegt die Werkstatt Artemia. Die Kunsthandwerker fertigen (und restaurieren) wertvolle Krippenfiguren aus Terracotta, aber auch Schmuck aus Kristall.

trieben. Auch Persönlichkeiten aus Politik und Sport sind als Krippenfiguren verewigt. Besonders sehenswert ist die Werkstatt von Giuseppe Ferrigno (Hausnr. 8), in der die Krippenfiguren noch gemäß der aufwändigen Verfahren aus Ton hergestellt und anschließend handbemalt werden. Im zweiten Stock stehen unzählige prächtige Exemplare von Marktweibern, Fischhändlern, Bettelgesellen und den Heiligen Drei Königen (S. G. Armeno s. auch S. 68 und S. 81).

## Märkte & Flohmärkte

### Fiera Antiquaria Napoletana (C 6)

Villa Comunale/Viale Dohrn
Info-Tel. 081 62 19 51
Sept.–Mai jedes 2. und 3. Wochenende im Monat, Juni, Juli nur am 2. Wochenende 8–14 Uhr
M2: Amedeo, R3: Riviera di Chiaia
Trödel und Kurioses stehen neben wertvollen Antiquitäten, Sammlerstücken oder Möbeln.

### Fiera del Barato e dell'Usato (G 3)

Via G. Summonte, 17
www.bidonville.org
Cumana: Mostra
Bidonville verweigert sich den Gesetzen der Geldwirtschaft und hat den Tauschhandel reaktiviert: Zweimal im Jahr veranstaltet der Recycling-Verein einen großen Floh und Gebrauchtwaren markt auf der Mostra D'Oltremare (außerhalb, Cumana: Mostra), der durch Plakate in der Stadt angekündigt wird. (Leihräder s. S. 23.)

### Mercato dei fiori (G 5)

Piazza Municipio
Tgl. 6–8 Uhr
R2, R3, R4, 24, 201: Municipio
Frühmorgens floriert die Farbenpracht im Graben des Maschio Angioino. Grossisten und Liebhaber lassen sich vom Duft der Gewächse betören.

### Mercato ittico (J 2)

Porta Nolana/Via Nolana/
Via Carmignano
tgl. 7–14 Uhr
M2: Garibaldi
Was zuvor im Meer schwamm, zappelt auf dem Fischmarkt manchmal noch mit letzter Kraft auf den Verkaufstischen. Um die Frische der Fische unter Beweis zu stellen, verbiegen die Händler die Tiere, denn nur frische Ware hat dafür genug Spannkraft.

### Mercato Maddalena (J 2)

Via P. S. Mancini/Via S. Candida/
Via Fazzini
Mo–Sa 9–14 Uhr
M2: Garibaldi
Gut sortierter Kleider- und Schuhmarkt in Bahnhofsnähe. Die Preise sind ausgeschrieben oder werden ausgerufen. Gefälschtes und Echtes: Es wurden sogar schon Stücke von Paul Smith und anderen internationalen Designern gesichtet.

**Highlight 4**

### Piazza & Via Pignasecca (F 3)

tgl. 8–14.30 Uhr
M2: Montesanto
Auf der Piazza Pignasecca preisen die Händler Obst, Gemüse und Fisch an. Das Markttreiben reicht allerdings weit über den Platz hinaus, umfasst die gleichnamige Straße und fast das gan-

ze Viertel vom Bahnhof Montesanto bis zur Piazza Carità. Besonders die Fischhändler inszenieren gerne mal das Klischee vom pittoresken Marktschreier. Die Grenzen zwischen Marktstand und Geschäft sind fließend: In der Pignasecca findet sich auf engstem Raum alles Wichtige und Unwichtige zum Leben – und es ist immer noch ein Plätzchen auf dem Bürgersteig für einen improvisierten Kräuterstand frei. Schuhe und Kleidung sind hier meist günstiger als in der Via Toledo. Im Haushaltswarenladen gibt es ein reichhaltiges Sortiment an Espresso-Kännchen und entsprechenden Ersatzteilen. Nach dem Einkaufsbummel bietet sich ein Gang in die Trattoria an, denn in der Pignasecca konzentrieren sich noch viele der typischen einfachen Mittagstisch-Lokale. Sogar die vornehm-bürgerlichen Damen vom Vomero wagen sich in das volkstümliche Viertel, kaufen billig für das Mittagessen ein und stellen die prallen Tüten dann bequem in die *funicolare.*

### Ai Vergini (G 1)

Via dei Vergini
tgl. 8–19 Uhr
M1/2: Museo/Cavour
Die Stadt ließ die Via dei Vergini – eine Mischung aus Straße und Piazza – mit festen Marktständen und Brunnen neu gestalten. Das urbane Design hat das Markttreiben aber nicht verändert: Gemüse, Fisch, Gewürze, Kleidung, Unterwäsche, Haushaltswaren und Hausschuhe. Nachmittags ist weniger los.

## Mitbringsel

### Egraphe (G 2)

Piazza L. Miraglia, 391
Centro antico
Amalfi – da denken die meisten an die steile Küste. Bekannt ist die Stadt aber auch für handgeschöpftes Papier. Bei Egraphe gibt es Briefpapier mit Umschlägen ab 15 € und exklusive Souvenirs ganz ohne Kitschfaktor, z. B. Espresso-Tassen und Aschenbecher mit Vesuv-Emblem sowie Pulcinella-Lesezeichen aus Holz.

### I fiori di Ferrigno

Via S. G. Armeno, 22
Centro antico
Die freundlichen Blumenhandwerkerinnen im Ferrigno-Laden sind von besonderer Klasse. In ihrem *basso,* der ebenerdigen winzigen Wohnung, die gleichzeitig als Werkstatt dient, fertigen sie naturgetreue Blumen aus Papier und Stoff oder aus der edlen Seide von San Leucio bei Caserta an.

### Napolimania – special store (F 4)

Via Toledo, 309–312
R1, R3, 201: Carità
Neapel-Souvenirs in Comic-Strip-Ästhetik – von der Krawatte mit dem berühmten Pinienmotiv bis zum *corno* (wörtl. »Horn«) – einem Amulett in der Form einer Chilischote gegen den bösen Blick –, der schon bei den Pompejern unentbehrlich war.

## Mode & Accessoires

s. auch Galleria Umberto S. 84

### Alcott (F 5)

Via Toledo, 188–193
R1–4, 201: Municipio
1878 kam der englische Gründer Gutteridge mit Rauschebart aus dem feuchten Norden ins sonnige Neapel und brachte warme schottische Wolle

mit. Seine traditionelle Schneiderkunst lebt heute in der Marke Alcott weiter und erreicht eine breit gestreute Kundschaft: Casuals kleiden Frau, Mann und Kind von Kopf bis Fuß. Annehmbare Preise.

## Dieci Dieci (F 5)

Via Toledo, 195/196
R1–4, 201: Municipio
Eine sichere Adresse, wenn Frau noch dringend was für Party, Dinner, Disco oder das Standesamt braucht. Mode von mehr als zehn verschiedenen Designermarken und deren Unter- und Nebenlinien, kaum Sportswear. Änderungsschneiderei ist im Preis inbegriffen.

## London Stockhouse (G 2)

Via Nilo, 7 und 22
Centro antico
Herren- und Damenmode vorwiegend italienischer, französischer und amerikanischer Labels gibt es zum halben Preis (auf dem Etikett steht aber immer der volle Preis) in den zwei kleinen Läden, die nur ein paar Hausnummern voneinander entfernt liegen. Hosen und Pullis ab 30 €, Shirts ab 20 €. Manchmal sind auch Stücke von Dolce & Gabbana dabei. Nachteil: Es gibt nicht jedes Modell in jeder Größe, vorwiegend S und M.

## Marinella (E 6)

Piazza Vittoria, 287
M2: Amedeo, R3, 140: Vittoria
Neapels Krawattenkönig stellt keine Krawatten her, sondern Statussymbole. Er zog die edlen Knoten schon am Hals von Fiatchef Agnelli und John F. Kennedy fest. Seit 1914 lässt kaum ein Mann diese Adresse aus.

## Maxon (F 5)

Via Chiaia, 240
R2, R3, 24, C25: T. Trento
Armani, Versace, Romeo Gigli. Da kann Mann kaum widerstehen. Der Frust nach dem Kauf bleibt aus, dank Ales-

**Designermode zu zivilen Preisen? In Italien überhaupt kein Problem**

Madonnenfiguren in einem Laden für religiöse Mitbringsel

sandros Talent für Outfit und Styling. Er trägt, was im Laden hängt und spricht ein wenig Deutsch.

### Xenon Group (F 3)

Via Bonaffaciata Vecchia, 3
Mo geschl.
M2: Montesanto
Ein friseureigenes Markenprodukt für Haare mit Schwungkraft oder doch lieber eine echte Pignasecca-Frisur mit gepflegter Nassrasur? Franco Bottone schneidet Altstadtbewohnern die Haare, aber auch den Freaks der Kulturszene. Sein Kollege **Erry Fulton** frisiert mit Blick aufs Meer in der Via Orazio, 141a (Tel. 08 17 14 62 81) und zählt die Bewohner der edleren Viertel zur Klientel.

## Musik

### Fonoteca (F 3)

Via Cisterna dell'Olio, 19
Centro antico
Szene-Plattenladen, soziales Zentrum, Info-Börse, Treffpunkt von Musikern und DJs, auch am Sonntagvormittag. Die Fonoteca ist ein echter Umschlagplatz für Neuigkeiten von den Musikplaneten: Dub, Techno, House, Trance, Dance, Reggae, World, eigentlich allem außer Mainstream und Kommerz. Zudem ideal, um Roots-Music, Underground und traditionelle Musik aus Neapel kennen zu lernen (s. Tour 3, S. 112f.).

### Tattoo (G 3)

Piazzetta Nilo, 15
Centro antico
Popmusik vom Rande des Kommerzstroms. Der Music Store bedient alle Neben- und Unterströmungen, große Auswahl an Filmmusik vorrätig, auch DVDs. Besonderer Vorteil: Am Sonntag bis zum Abend geöffnet.

## Spezialitäten & Weine

### Berevino (G 2/3)

Via San Sebastiano, 62
Centro antico
Viele der kampanischen Weinsorten sind bei uns nahezu unbekannt. Hier sind die Regale mit Wein aus der Golfregion gut gefüllt und samstags und sonntags gibt es Nachhilfeunterricht zu den Themen: Aglianico, Lacryma Christi, Piedirosso, Falanghina und anderen.

### Di Faenza (G 2)

Via dei Tribunali, 44

Centro antico
In seinem Lebensmittelladen bereitet Gianni auf Wunsch Brötchen zu mit Mortadella, Schinken und Mozzarella, und er verkauft *pasta artigianale* »Setaro« aus Torre Annunziata bei Pompeji. Die traditionell hergestellte und luftgetrocknete Pasta (wegen der schönen Packung ein ideales Geschenk) gibt auch *al dente* das Geheimnis der neapolitanischen Nudelmacher nicht preis. Vorsicht allerdings beim Kochen, denn die *pasta artigianale* erreicht schneller als die industrielle den richtigen Garpunkt!

### Dolce Idea (F 6)

Via Solitaria, 7/8
R2, R3, 201: T. Trento
Schokoladenmeister Gennaro Bottone hat sein Handwerk in Italien und Frankreich gelernt. Seit 1979 leitet er mit großem Erfolg das oberhalb der Piazza Plebiscito versteckte Schokoladenstudio.

### Limonè (G 2)

Piazza San Gaetano, 72
Centro antico
Aus Alkohol, Zucker und Zitronenschalen wird der klassische Zitronenlikör der Golfregion hergestellt. Ein paar junge Leute mit Unternehmergeist haben ihr eigenes Likörlabor eingerichtet und produzieren nach alten überlieferten Methoden. Sollten sich im Limoncello zu Hause plötzlich grüne Pünktchen bilden, nicht wegschütten! Die ätherischen Öle der Zitronenschale lösen sich.

# Ausgehen

**Auf Neapels Plätzen ist immer was los**

## Nachts in Neapel – eine Szene in Bewegung

Auch das Nachtleben in Neapel ist jahreszeitenabhängig, oft improvisiert und immer sehr dynamisch. Manch ein Lokal ändert von einer Saison zur anderen seinen Namen, und von Mai bis Oktober sind viele im Zentrum geschlossen.

In der heißen Zeit trifft man sich auf den großen Plätzen der Stadt oder vor den Bars der Altstadt. Mittlerweile wird hier mehr geboten als in den Vierteln Chiaia oder Vomero, denn in den vergangenen Jahren sind mit der Renaissance der Altstadt auch für die Touristen neue Gelegenheiten entstanden, hier den Abend oder die Nacht zu verbringen. In renovierten Handwerks- oder Speicherräumen des *centro antico* entstehen immer sehr schmale, aber dafür meist auf zwei Ebenen eingerichtete Winebars, Pubs, Clubs und Independent-Lokale.

In den Discobars mit Live-DJ ist vor 23 Uhr nicht viel los, in den gerade angesagten Lokalen wie Sputnik oder Rising South kommt meist erst nach Mitternacht Bewegung auf die Tanzfläche. Manche dieser Lokale bieten am früheren Abend Sonderprogramme an, auf die mit Plakaten und Handzetteln hingewiesen wird. Je weiter man sich in nordwestlicher Richtung vom Zentrum entfernt, umso schicker, nobler und snobistischer wird die Szene: Während die Altstadt von Studenten und Freaks geprägt ist, finden sich in Chiaia schon die etwas teureren und edleren Bars, und Preis- und Ausstattungsniveau steigen noch in Mergellina und auf dem Posillippo.

## Nachts auf den Plätzen

Der Borgo Marinaro und die Plätze Bellini, Gesù, Martiri, Vanvitelli, San Domenico Maggiore, Sannazzaro und die Piazzetta Nilo sind nachts die meist frequentierten Treff- und Lebenspunkte der Stadt.

Auf vielen dieser Plätze gehen vor allem die jungen Leute gar nicht erst in irgendein Lokal, sondern kaufen sich ihr Getränk, bis dahin in Plastikbottichen gelagert und mit viel Eis gekühlt, bei einem der besonders an lauen Abenden rein zufällig hier stehenden fliegenden Händler.

## Nachts am Strand

An den Sommerwochenenden gibt es an den Stränden der Peripherie größere Disco-Happenings. Die vor allem in Schallplattenläden und Bars herumfliegenden Flyer helfen bei der Orientierung, ebenso das Stadtmagazin »l'ozio« und zwei Gratis-Gazetten namens »il covo« und »flyer«.

## Autonome Zonen

### Officina 99 (außerhalb)

Via Gianturco, 101
Eintritt (manchmal) 2,60 €
M2: Garibaldi
Die Arbeitslosen und Anarchophilen in Neapel lassen die Polit-Kulturwerkstatt immer aktuell sein. Die Officina im heruntergekommenen Speicherbereich nah am Hauptbahnhof ist eines der bekanntesten selbstverwalteten Kulturzentren in Italien und Keimzelle des autonomen Kulturlebens von Neapel. Das unregelmäßige Programm findet sich einige Tage vorher entweder auf Plakaten an den Häuserwänden oder in den regionalen Tageszeitungen. Bier und Brötchen zum ›politischen‹ Preis.

### S.K.A. (F 3)

Calata Trinità Maggiore, 47
tgl. 11–14, 16–20 Uhr
Centro antico
Auch wenn es nicht so aussieht: Das dreistöckige Gebäude gehört zum Universitätsgelände und ist gleichzeitig ›besetzter‹ Raum für studentische Gegen-Kreativität. Eine gute Infoquelle für die alternative Abendgestaltung. Hier organisiert der mittlerweile gefängniserfahrene Fracesco Caruso den Beitrag der studentischen neapolitanischen Unabhängigkeitsbewegungen in Neapel und in Italien.

### TNT Okkupato (G 3)

Via Sedile del Porto, 3
R1, R2, R4: Bovio; M1: Dante
Die neapolitanische Altstadtausführung der Hausbesetzung zum sozial-solidarischen Zweck. Studenten, Künstler und Arbeitslose wollen mit Filmen, Literatur, Musik und Kunsthandwerk ihr Grundrecht auf einen nicht-kommerziellen Sozialisationsraum verwirklichen.

## Bars, Nachtclubs & Szenelokale

### Le Bar (F 7)

Via Eldorado, 7
Mitte März–Okt. Di–So 17–3, Nov.–Mitte März Di–So 18.30–3 Uhr
C25, 152: Santa Lucia
1985 als erste Bar unterhalb des Castel dell'Ovo eröffnet und mittlerweile von einigen Nachbarcafés umgeben. Richtig genießen lassen sich Stimmung und Ausblick vom Borgo Marinaro am besten an warmen Tagen der Nebensaison, wenn sich nicht die ganze Stadt ein romantisches Stündchen gönnen will.

### Echos Club (G 3)

Vico San Geronimo, 24
Di–So 22.30–4 Uhr
Centro antico
Typischer Nachtclub der 25–35-Jährigen mit viel Musik aus den 1980er Jahren. Im ersten Raum Gelegenheit zum Sitzen und Trinken, im zweiten etwas unterhalb Tanz und Konzerte.

### Freezer (außerhalb)

Centro Direzionale, Isola G 6
Mo–Fr 7.30–20, Sa 10–14 Uhr
Tagsüber Bar, und an manchen Abenden gibt's House im Hochhaus – die neueste Idee der DJ-Szene Neapels. Der Cool-Raum befindet sich im Erdgeschoss und ist voll klimatisiert. Dennoch geht's im Sommer heiß her.

### Gran Caffè Aragonesi (G 3)

Piazza San Domenico Maggiore, 5/8
Centro antico
tgl. 7–1 Uhr
Ein Chamäleon-Lokal, das sich mit seinem Publikum im Laufe des Tages mehrfach verändert. Frühmorgens nehmen Neapolitaner ihren *caffè* hier im

**Pinterrè: Hier gilt Sehen und Gesehenwerden**

Stehen, tagsüber sitzen die Touristen draußen im Freien und nachts holen sich die Freaks hier ihr Mitternachtsbier.

## Happy Rock (D 5/6)

Via G. Bausan, 51
Di–So 21–2 Uhr
M2: Piazza Amedeo
Seit 1976 fester Bestandteil des neapolitanischen Nachtlebens. Auf zwei Ebenen kann man ganz entspannt zwischen viel Kirschholz-Mobiliar im gelbroten Jugendstil-Ambiente Salate, Brötchen und andere Kleinigkeiten verzehren und dazu die üblichen Getränke nehmen, vom *caffè* bis zum Cocktail.

## Kinky Bar (F 3)

Via Cisternia dell'olio, 21
Sept.–Juni tgl. ab 22 Uhr
Centro antico
Die einzige Reggae-Bar in Neapel. Die Zeit ist stehen geblieben und Bob Marley lebt! Reggaefarben und Rastalocken sind immer gerne gesehen und passen zum Musikprogramm. Joints dürfen nur draußen auf der Straße geraucht werden. Dort hohe Haschdichte!

## Mu-Mu Frequencies (F 3)

Piazza Monteoliveto, 10
Okt.–Juni Di–So 10–14, 16–20, 22–2 Uhr, Mai–Juni Fr, Sa ab 23 Uhr
R1, R3, R4, CS: Carità
Eine der in letzter Zeit immer häufiger entstehenden *associazioni culturali* mit alternativem Mehrzweck: tagsüber nonkonformer Laden zwischen Secondhand und Independent, nachmittags und abends auch Discobar mit Hip-Hop-Activity.

## Pínterrè (E 7)

Via Partenope, 12
tgl. 9–4 Uhr
C25, 152: Santa Lucia
Ein weißes Piano im Innenraum, drum herum und draußen meist gut gebräunte Gäste. Das Lokal zum Sehen und Gesehenwerden in bester Lage mit Blick aufs Castell dell'Ovo. An manchen Abenden DJ-Musik zum Lockermachen.

## Superfly (F 3)

Via Cisterna dell'olio, 12
Okt.–Juni tgl. 18–2 Uhr

Centro antico
Barman Gianni hat immer den Überblick und ist mindestens so cool wie seine Drinks. Exquisiter Musikgeschmack der DJs, ›wohluminös‹ klingende Stereoanlage, abgedunkeltes Neonlicht und Fotos von Jazzmusikern an den Wänden.

### Taverna HO-LA-LA (G 3)

Vico S. Chiara, 49
Sept.–Juli tgl. ab 12 Uhr
Centro antico
Gemütlich-modern eingerichtete Trattoria und American Bar mit günstigem Mittagstisch: Zwischen 12 und 16 Uhr kostet ein Menü mit *primo, secondo,* Beilage und Mineralwasser 10 €.

### Vibes on the Beach (außerhalb)

Via Miseno, 52, Bacoli
März–Okt. tgl. 9–3 Uhr,
sonst an den Wochenenden
je nach Wetterlage
Cumana: Bacoli
Sehr angesagt ist das Frühstück in dieser Strandbar und -diskothek, die hier manch ein Gast erst am nächsten, frühen Morgen wieder verlassen hat … Das Motto, »take it easy, Lounge-Musik und Brunch on the beach«, kommt besonders bei 30–40-Jährigen sehr gut an.

## Internetbars

### Internetbar (G 2)

Piazza Bellini, 74
tgl. 9–3 Uhr
info@tightrope.it
Centro antico
Saubere ADSL-Linien für 3 € pro Std., lässige Atmosphäre, *caffè corretto* (mit Alkohol wie Grappa, Brandy oder Amaro verfeinerter Kaffee) und … bitte ein Bit. Als Bier wird Peroni gereicht.

### Internet café (K 2)

Piazza Garibaldi, 73
Mo–Fr 9.30–21, Sa 10–17 Uhr
M2: Garibaldi
Wer aus dem Bahnhof kommt und noch nichts organisiert hat, der muss sich nur rechts halten und kann sich an einer der 20 ADSL-Linien im ersten Stock über der Bar Mexiko (s. S. 38) den nötigen Überblick verschaffen, freundliche Reservierungshilfe inkl. (1 Std. für 1 €).

### Multimedia (G 2)

Via Sapienza, 43
tgl. von 9.30–21.30 Uhr
Centro antico
Im ersten Stockwerk eines Palazzo am ›decumano superiore‹ (s. S. 88) kostet die Stunde online ebenfalls 3 €. Schnellere ADSL-Verbindungen waren zum Zeitpunkt der Recherche in Planung.

## Die Jazzmetropole am Golf

Jazzfreaks kommen in der Stadt am Golf voll auf ihre Kosten, denn: Neapel ist ›auch‹ eine Jazzstadt – und das nicht erst, seit die Legende Pat Metheny hier zusammen mit Pino Daniele, dem ersten ›eigenen‹ Solokünstler der Neapolitaner, der in ganz Italien bekannt geworden ist, Konzerte gegeben hat. Die regionalen Stars wie Maria Pia de Vito, die Contrabbanda, Daniele Sepe oder Marco Zurzolo spielen öfter in den Jazz clubs der Stadt.

**Ein großes Vergnügen: das abendliche Ausgehen auf Neapels Plätzen**

# Jazzclubs

## Around Midnight (C/D 3)

Via Bonito, 32a
Di–So 20–3.30 Uhr
Funicolare: Montesanto
Seit 1997 präsentiert das Lokal mit einem Fassungsvermögen von ca. 80 Gästen vorwiegend regionale Jazzbands. Zielgruppen sind Touristen und Einheimische. Eintritt als Aufschlag aufs erste Getränk.

## Bogart (D 6)

Via S. Pasquale a Chiaia, 53
Do–So ab 21 Uhr
M2: Amedeo, R3: Riv. Di Chiaia
Das Jazzlokal nennt sich nach Humphrey Bogart in seiner Paraderolle als Clubbesitzer in dem Film »Casablanca« liebevoll Bogart. Sound und Interieur passen zum Namen.

## Bourbon Street Jazz Club (G 2)

Via V. Bellini, 52
Okt.–Mai Do–So ab 21.30 Uhr
web.tiscalinet.it/bourbonstreetclub/
Centro antico
Pure Jazzklänge zwischen Piazza Bellini und Piazza Dante: meist akustischer Sound von Musikern, die oft zu den jüngeren Neuentdeckungen der neapolitanischen Szene gehören. Im Bourbon Street Jazz Club werden auch Cocktails und kleine Gerichte serviert.

## Dreamer Club (G 2)

Via Francesco de Sanctis, 16
Centro antico
Sept.–Mai Do–So ab 21 Uhr
Im kleinen, innen blau ausgestatteten Kellerlokal neben der Cappella San Severo wird vor allem Jazz, World Music und Reggae aufgelegt. An der Tür hängt das jeweils aktuelle Wochenprogramm.

## Kestè (G 3)

Largo San Giovanni Maggiore, 26/27
April–Okt. Mo–Fr 8–3,
Sa, So 21–3 Uhr,
Nov.–März So–Di abends geschl.
Centro antico
Was tagsüber als belebtes Studentencafé dient, ist bis in die frühen Morgenstunden ein klassischer Treffpunkt für Diskussionen mit gesellschaftskritischem Hintergrund. Nicht minder engagiert, werden die *good vibes* in dem

Lokal, das früher mal »vibes« hieß, regelmäßig live erzeugt: Das Kestè ist die Hausbühne des Polit-Saxophonisten Daniele Sepe. Bis spät abends ein lauschiges Plätzchen auch an der frischen Luft.

### Otto Jazz Club (E 5)

Salita Cariati
(Höhe Corso Vittorio Emanuele)
Mitte Sept.–Mitte Juni
Do–So ab 21 Uhr
www.napoli.com/ottojazz/
Funicolare: Centrale
Der erste Jazzclub Neapels. Lokalbetreiber Enzo Lucci unterscheidet zwischen amerikanischem und mediterranem Jazz. Dieser wird in Zusammenarbeit mit verschiedenen Musikschulen gepflegt. Eintritt frei, erstes Getränk mind. 8 €.

## Musikclubs, Discobars & Diskotheken

**Musikclubs** s. auch Jazzclubs, S. 60;
**Diskotheken** s. auch Schwul & lesbisch, S. 64

Die **Via Sedile del Porto** ist das Chamaleon der jungen Clubszene in der Altstadt. »Jail« und »Sanakura« nennen sich die beständigsten der kleinen

Musikclubs, von denen manche bald schon anders heißen oder zwei Tore weiter neu eröffnen …

### B.Out (außerhalb)

Via Manzoni, 239
Okt.–April Fr–So 22–4 Uhr
Kleine Discobar am Ende der Via Manzoni, nahe bei der schönen Via Petrarca und ihrem Panorama. Klein, aber gut frequentiert; Musik durchaus tanzbar.

### Chez Moi (D 5)

Via P.co Margherita, 13
Okt.–Mai Do–Sa 22.30–4 Uhr
M2: Amedeo
Inhaber Tonino Colangelo und sein Lokal mit einem Archiv von mehr als 30 000 Platten sind Eckpfeiler des neapolitanischen Nachtlebens. Der Discoklassiker mit zwei Tanzflächen und einigen Kuschelsofas organisiert außer thematischen Abenden auch Modenschauen.

### Ex_Ess (C 5)

Via Martucci, 28
Okt.–Juni Fr–So ab 22.30 Uhr
M2: Amedeo
House, Rock'n'Jungle, Commercial House …

### Flakabé (außerhalb)

Via Ponti Rossi, 111
Okt.–Mai Fr ab 23, Sa ab 22.30, So ab 21.30 Uhr
Anfahrt nur mit dem Taxi oder dem eigenem Auto
Ein Tempel der Unterhaltung mit Konzerten internationaler und lokaler Bands. New Yorker Underground-Stil einerseits und angekitschtes Maya-Azteken-Dekor andererseits; zwei Tanzflächen, eine unter-, eine oberirdisch. Das Flakabé ist bekannt für neapolitanischen Dancefloor-Sound und seine gute Lichtregie.

### Jail (G 3)

Via Sedile di Porto, 65
Di–So 22.30–3 Uhr
Centro antico
Fast täglich Livemusik im Knast – wo gibt's das schon? Der Gewölbekeller ist in Zellen eingeteilt, damit man nicht vergisst, wo man sich gerade aufhält. Rockige Grundstimmung.

### Madison (A 1)

Via Sgambati, 47
Sa ab 22 Uhr
Anfahrt nur mit dem Taxi oder dem eigenem Auto
Eine der größten Diskotheken Neapels, früher bekannt als »Kiss Kiss«. Professionell und kommerziell, lebt vom und auf dem Vomero und liegt in einer Querstraße zur Via Jannelli.

### La Mela (D 5)

Via dei Mille
Okt.–April Do–Sa 1–5 Uhr
C25: Dei Mille
Schicke Disco in der besseren Gegend der Stadt. Überwiegend betuchte Gäste besuchen das La Mela, deren Hauptberuf es oft ist, Söhne oder Töchter ihrer Väter zu sein.

### My Way (E 6)

Via Cappella Vecchia, 30
C25: Vittoria
Okt.–April Do–Sa 23–4 Uhr
Kleine Diskothek, vorwiegend besucht von Söhnen und Töchtern betuchter Eltern. Gemütlich im Inneren einer Grotte nahe der eleganten Piazza dei Martiri untergebracht.

### Notting Hill Gallery (F 2)

Piazza Dante, 88

Di–So ab 22 Uhr
R1, R4, CS: Dante
Nach manchen Abenden klebt hier der Fußboden etwas … Die feuchtfröhliche Atmosphäre nächtlicher Konzerte und DJ-Sessions ist tagsüber hinter der mit Grafitti ›verzierten‹ graugrünen Stahltür bestenfalls zu erahnen. Das Notting Hill Gallery gehört zu den Szene-Basics Neapels.

## Pentotal (B/C 3)

Via G.Merliani, 154/156
Funicolari (alle drei)
Mo–So ab 21 Uhr
Historischer Laden aus der Geschichte des neapolitanischen Nachtlebens mit großer Tanzfläche, Bar und Salon und einer Musikauswahl eher für Dreißig- als für Zwanzigjährige.

## Rising South (G 2/3)

Via San Sebastiano, 19
Di–So 22–3 Uhr
Centro antico
Cooles Mehrzwecklokal mit sehr metropolitanem, multi-ethnischem Ambiente. In den ehemaligen Fabrikkellern aus Tuff kann man am langen Tresen Cocktails trinken, Musik auch live hören und sehen, Videos und Ausstellungen anschauen und natürlich tanzen.

## Sanakura (G 3)

Via Palonetto Santa Chiara, 5
Sept.–Mai Fr–So 22.30–3 Uhr
Centro antico
Livekonzerte, DJ-Sessions und Happenings der kabarettistischen Art. Freitags wird Ethno-Percussion geboten.

## Sputnik Club (F 1)

Via S. Teresa degli Scalzi, 154 bis
Mi–So 22–4 Uhr
M1: Museo
Junge Disco im postindustriellen Retro-Stil mit viel Metall im ersten Raum, in dem regelmäßig gastronomische Themenabende (vegetarisch, makrobiotisch, fremdländisch etc.) veranstaltet werden. Der zweite Raum ist eine große *dancehall* mit überzeugender Musik aus den Bereichen Groove, Cool, Dance und House.

## Taberna d'a Zeza (G 4)

Via Medina, 12
R2, C25: Medina
Okt.–Mai Fr, Sa 21.30–3 Uhr
Vor einigen Jahrzehnten gab es hier noch echte *spogliarelli* zu sehen, doch dann verdrängte die neapolitanische Folklore den Striptease. Heute spielt in der *taberna* zwar nur noch äußerst selten der berühmte Marcello Colasurdo vom »gruppo operaio« E ZEZI, dem folkloristischen Arbeiterkollektiv, das dem Lokal den Namen geliehen hat, doch für Touristen, die an Traditionen festhalten, kann ein Besuch recht unterhaltsam sein. Wer am Türsteher vorbeikommt, hat ein Problem weniger.

## Velvet Zone (F 3)

Via Cisternia dell'olio, 11
www.clicnet.it/velvet
Sept.–Mai Di–So ab 23 Uhr
Eintritt 3–8 €
Centro antico
Als »Velvet Garage« 1989 in der damals noch so verlassenen wie verfallenen Altstadt eröffnet, nutzt der Laden die natürliche Unterhöhlung der Stadt (s. Tour 1, S. 108f.). In den 200 $m^2$ großen Zisternen aus der Bourbonenzeit befanden sich früher die Notreserven des königlichen Olivenöls. Nach mehr als zehn Jahren gilt das »Velvet Zone« immer noch als Quelle der neapolitanischen Avantgarde. Konzerte und thematische Tanzabende von Techno bis

Easy und viel Weltmusik, manchmal auch thematische Kinoveranstaltungen mit hohem intellektuellen Anspruch. Eigentlich ein Club, doch für Touristen auch ohne Ausweis Zugang möglich.

### Virgilio (außerhalb)

Via Tito Lucrezio Caro, 6
Mo–So ab 21 Uhr
140: Posillipo
Im Sommer lockt die schöne Aussicht vom Posillipo-Hügel zu den Spezialveranstaltungen auf der großen Terrasse. Außer Discobeat auch Livemusik an der Pianobar.

## Schwul & lesbisch

Wie die gesamte Ausgehszene Neapels ist auch die *gay scene* der Stadt sehr, sehr flexibel, beweglich und veränderlich – und damit viel schneller als jede Aktualiserung.

### Bar B (H 3)

Via Manna, 14

### Infos zur Gay-Scene Neapels

Eine erwähnenswerte Info-Adresse für Lesben und Schwule ist das Circolo culturale Arcigay Antinoo Napoli, dessen freundliche Mitarbeiter sehr hilfsbereit sind und die sich ständig verändernde Szene gut kennen.
Circolo culturale Arcigay
Antinoo Napoli
Vico San Geronimo 17–20
Tel. 08 15 52 88 15
Fax 081 26 88 08
http://www.arcigay.it/napoli/
napoli@arcigay.it

Do–Sa 22–2 Uhr
R2, CS: P. N. Amore
Die Sauna-Bar gestattet Frauen keinen Zutritt.

### Ex_Ess

s. Diskotheken, S. 62
… und sonntags findet hier die Gay-Disco statt.

### Freezer

s. Szenelokale, S. 57
… und freitags trifft man sich hier zur Gay-Time.

### Ammazzadomeniche (D 5/6)

c/o Jungle
Rampe San Pasquale di Chiaia, 53
M2: Amedeo
Der Name ist Programm: Sonntags findet in der Discobar Jungle von 17.30 bis 22.30 Uhr die Veranstaltung »Töte den Sonntag« für Lesben und Schwule statt.

### Madison

s. Diskotheken, S. 62
… und samstags geht's hier bei der Gay-Disco ab.

### Virgilio Club

s. o. Diskotheken
An Sommersamstagen Disco für Lesben und Schwule.

## Weinbars

### Bacco (G 2)

Vico S.Domenico Maggiore, 12
Öffnungszeiten unregelmäßig
Centro antico
Dieser Tempel des Weingottes Bacchus liegt im Keller, gekühlt von blauem Neonlicht. Zum Rebensaft gibt's kleine

**Einer ›der‹ Tipps für einen lauen Abend: das Gambrinus (s. S. 38), das bekannteste Kaffehaus der Stadt**

Gerichte oder Nudelspeisen. Stumme Bronzeskulpturen beobachten die Szenerie und tragen ihren Teil zur ungewöhnlichen Atmosphäre bei.

## Divino (F 7)

Via Santa Lucia, 88
Di–So 20–2 Uhr
C25, 152: Santa Lucia
Wer die göttliche Perspektive des Spazierganges am Lungomare mit einem schönen Schluck Wein abrunden mag, ist in der eleganten Weinbar richtig. Kerzenlicht und freundliche Kellner begleiten das Diner im oberen Stockwerk, während der Raum im Erdgeschoss zum Konsum offener Weine und kleiner Knabbereien vorgesehen ist.

## L'ebbrezza di Noè (D 5)

Vico Vetreria a Chiaia, 8b/9
Di–So 18–2 Uhr
M: Piazza Amedeo
Tagsüber Weinladen, abends ab 18 Uhr Weinbar. Die besten Tropfen Kampaniens und viele aus anderen Regionen Italiens lassen sich vor dem Kauf meist auch probieren. Stattliches Grappa-Sortiment.

## Vineria del Centro (G 3)

Via G. Paladino, 8a
tgl. 20–3 Uhr
Centro antico
Kleine Gerichte, gute Weinauswahl und immer entspannte Stimmung. Eher von Studenten besucht als von bauchtragenden ›Weinkennern‹.

# Unterhaltung

Macht Stimmung: Tarantella auf der Piazza San Domenico Maggiore

## Vielschichtige Kulturszene

In Neapel ist die ›große institutionalisierte Kultur‹ mit bedeutenden Ausstellungen und klassischen Konzerten ebenso zu Hause wie die alternative Kulturszene mit unabhängigen Bühnen und Musikveranstaltungen. In der Regel finden alle Veranstaltungen auf Italienisch statt. Darbietungen im neapolitanischen Dialekt werden besonders ausgewiesen.

Auch im Kino hört man Italienisch. Filme in Originalsprache mit Untertiteln sind die Ausnahme. Nicht erschrecken, wenn nach der Hälfte des Films das Licht angeht. In Italien werden die Filme mit kurzer Pause gezeigt.

### Theaterkarten

Theaterkarten für das San Carlo können vorab über das Internet bestellt werden (www.teatrosancarlo.it). An den kleineren Bühnen erhält man die Karten meist problemlos an der Abendkasse. Vorverkaufsstellen sind:

- Box Office (F 5)
  Galleria Umberto I, 15–16
  Tel. 08 15 51 91 88
- Concerteria (A 6)
  Via M. Schipa, 23
  Tel. 08 17 61 12 21
- MC teatroemusica (K 1)
  Via Palermo, 124
  Tel. 08 15 46 22 64

## Kulturkalender

Höhepunkte im religiösen Festkalender der Stadt sind die Prozessionen zu Ehren der Madonna dell'Arco an Ostermontag, die Feierlichkeiten für den Stadtpatron im Mai und September und das Fest der Madonna del Carmine im Juli.

Die wichtigsten Kulturfestivals finden im Juli statt. International bekannte Namen aus Rock und Pop spielen auf den großen Freilichtbühnen für das junge Publikum. Das Kultur-Highlight im Dezember ist die riesige Rauminstallation auf der Piazza Plebiscito, die bis Anfang Januar besichtigt werden kann.

## Veranstaltungshinweise

Das Stadtmagazin »Le pagine del'ozio« (monatlich am Zeitungskiosk) und der monatlich erscheinende Kurzführer »Qui Napoli« (gratis an den Touristeninformationen, s. S. 18) helfen bei der Orientierung.

Über die oft spontan organisierten kulturellen Einmal-Veranstaltungen und die von der Stadt veranstalteten Sommerprogramme informieren auch die Tageszeitungen wie »La Repubblica« und »Il Mattino« auf den Regionalseiten im Voraus.

# Feste & Festivals

## Januar

**Umzüge zu Ehren der Madonna dell'Arco**
In den Volksvierteln (F 2–4/G/H 8)
Am dritten Januarsonntag beginnen in den Volksvierteln morgens die Umzüge zu Ehren der Madonna dell'Arco, die bis Ostermontag jeden Sonntag stattfinden.

## Februar

**Galassia Gutenberg**
Mostra d'Oltremare (außerhalb)
www.galassia.org
M2: Mostra d'Oltremare
Jeweils am dritten Februar-Wochenende findet die Buchmesse des Südens statt, nach der Turiner die zweitgrößte in Italien. Im Rahmenprogramm werden Lesungen und Konzerte geboten.

## März

**Comicon**
Castel Sant'Elmo (D 4)
www.comicon.com
Funicolare: Centrale/Montesanto
Anfang des Monats lockt das internationale Comic- und Trickfilmfestival mit jährlich wechselndem Schwerpunktland Zuschauer an.

## April

**Processione della Madonna dell'Arco**
Sant'Anastasia (außerhalb)
Anfahrt mit der Vesuviana, Linie Napoli–Sarno bis Madonna dell'Arco
Ostermontags-Prozession aus Neapel und Umgebung zur Wallfahrtskirche der Madonna dell'Arco in Sant'Anastasia. Viele Pilger erreichen den Altar nur mit letzter Kraft, unter Tränen und auf Knien.

## Mai

**San Gennaro-Prozession**
Via Duomo (G 1–H 3)
Centro antico
Am ersten Mai Wochenende ist es wieder soweit, die Prozession für den Stadtpatron führt vom Dom bis zum Kloster von Santa Chiara mitten durch die Altstadt, vorbei an geschmückten Balkonen, von denen Rosenblüten rieseln. Und wehe, wenn nach dem Gottesdienst das Blutwunder ausbleibt!

## Juli

**Lo Sguardo di Ulisse**
Arena Flegrea (außerhalb)
www.sigbloom.it
R2/3: Porta Castello, Cumana: Mostra, M2: Campi Flegrei
»Odysseus' Blick« überschreitet Grenzen und bündelt im Juli vor allem Ethno-Musik, Worldmusic und Kinofilme. Zwei Open-Air-Filme für weniger als 5 € pro Abend und danach fast immer Konzerte (5–13 €), darunter zwei bis drei große Namen (z. B. David Bowie).

**Neapolis Rock-Festival**
Arenile di Bagnoli (außerhalb)
www.neapolis.it
M2: Bagnoli, dann C9/C10: Coroglio
Die Abrissfläche des Industriegebiets bietet ausreichend Platz für das drei Tage andauernde Rockfestival. Es findet immer Mitte Juli statt, wenn's heißer kaum sein kann. Bislang spielten hier u. a. Aerosmith, Massive Attack, Lenny Kravitz und Jethro Tull. Kartenvorverkauf über die Website.

**Festa della Madonna del Carmine**
Piazza Mercato (J 3)
R2: Quattro Palazzi
Die Kirche del Carmine und die Piazza Mercato verwandeln sich Mitte Juli in ein Festgelände zu Ehren der Madon

Heiligenverehrung auf neapolitanisch: das Blutwunder des San Gennaro

na. Den Abschluss bildet stets der simulierte Brand des Glockenturms.

## August

**Napoli Strit Festival**

Altstadt (F 2–5, G 2–4, H 2)
www.napolistritfestival.com
Straßenkünstler- und Gauklerfestival Anfang Aug. in der Altstadt.

## September

**Napoli Pizzafest**

Mostra d'Oltremare (außerhalb)
www.pizzafest.net
Cumana: Mostra,
M2: Campi Flegrei
Die Stadt feiert Anfang/Mitte Sept. ihren Exportschlager Nummer eins in seiner authentischsten Form: die Pizza doc.

**Festa di San Gennaro**

Centro antico
Neapel feiert 5 Tage zu Ehren des Stadtpatrons (18.–22. Sept.), und – wenn alles gut geht – geschieht am 19. wieder einmal das Blutwunder. Ausstellung des San Gennaro-Schmucks im Dom.

## Oktober

**I Cortili e la Musica**

An mehreren Veranstaltungsorten (s. u.)
In den Innenhöfen historischer Gebäude erklingen von Mitte bis Ende Okt. klassische Töne, so finden Konzerte z. B. im Palazzo Reale und im Botanischen Garten statt. Zusätzlich werden Rundgänge angeboten.

## November

**San Gregorio Armeno**

Via San Gregorio Armeno (H 2)
Die Krippenmacher in der Via San Gregorio Armeno (s. S. 50) eröffnen offiziell am ersten Novembersonntag die Saison, die bis zum 6. Jan. dauert.

### Dezember

**Silvester**

Piazza Plebiscito (F 5/6)

Für die große Jahresabschluss-Party installiert Anfang Dezember stets ein anderer international bekannter Künstler ein Kunstwerk auf der Piazza. Am 31. finden abends ein Konzert und ein gigantisches Feuerwerk statt, meist am Castel dell'Ovo.

## Kabarett & Theater

Mit den 1990er Jahren begann die Theater-Renaissance der Stadt. Seitdem sind einige große und kleine Schauspiel- und Musikhäuser renoviert und wieder eröffnet worden. (Saison meistens Ende Sept.–Mitte Juni.)

### Galleria Toledo (F 4)

Via Concezione a Montecalvario, 34
Tel. 081 42 50 37, 081 42 58 24
www.galleriatoledo.com
R1–4, 201: Municipio
Der Betrieb der jungen Kulturbühne begann 1991, initiiert von Hausbesetzern und Künstlern. Theater, Tanz, Konzerte; oft Raritäten aus der Welt des Films.

### Politeama (E 6)

Via Monte di Dio, 80
Tel. 08 17 64 50 01
R2, dann C22: Monte di Dio
100 Jahre nach seiner Gründung 1870 gelangte das Haus wieder in den Besitz der Stadt. Vielseitiges Gastspieltheater, in dem schon Laurie Anderson ihren »Moby Dick« präsentierte.

### Teatro Augusteo (F 5)

Piazzetta Duca d'Aosta, 263
Tel. 081 40 56 60
www.teatroaugusteo.com
R1–4, 201: Municipio

## Maggio dei Monumenti

Neapel im Kulturrausch! Unter jährlich wechselndem Motto organisiert die Stadt von Ende April bis Anfang Juni an jedem Wochenende ein umfangreiches Kulturprogramm: Ausstellungen, Konzerte, Theaterstücke und sehr viele Rundgänge, Führungen und Ausflüge – auch auf dem Wasser. Jedes Wochenende steht unter einem neuen Themenschwerpunkt. Gebäude und Sehenswürdigkeiten, die das ganze Jahr verschlossen sind, öffnen ihre Türen. Viele Geschäfte und Restaurants verzichten auf den Ruhetag. Infos in den Touristeninformationen oder unter www.napolioggi.it oder www.portanapoli.com

Das Haus entstand Ende der 1920er Jahre, zeitgleich mit der Funicolare Centrale. Hier finden Literatur-, Schauspiel- und Musikveranstaltungen, Filmpremieren und klassische Konzerte der Associazione Alessandro Scarlatti statt.

### Teatro Bellini (F 2)

Via Conte di Ruvo, 17
Tel. 08 15 49 96 88
www.teatrobellini.it
M1: Dante
Nach nur fünf Jahren sorgte ein Brand dafür, dass sich Baumeister Sorgente 1869 erneut an die Arbeit machen musste. Nach der Sanierung 1992 Bühne für Musicals, traditionelle Klassik, Gegenwartstheater und Musikveranstaltungen.

### Teatro Mercadante (G 4/5)

Piazza Municipio, 1

Tel. 08 15 51 33 96
www.caspi.it/mercadante
R1–4, 201: Municipio
Die Statikschäden wurden behoben und das Theater 1996 nach 30-jähriger Auszeit als städtisches Kulturprestigeobjekt von Grund auf renoviert wieder eröffnet. Italienisches Schauspiel und internationale Gastspiele.

### Teatro Nuovo (F 4)

Via Montecalvario, 16
Tel. 081 42 59 58, 081 40 60 62
www.nuovoteatronuovo.it
R1–4, 201: Municipio
Schon 1724 für die Fans der Opera Buffa eröffnet, gehört das inzwischen deutlich verkleinerte Haus nun zur Theater-Avantgarde der Stadt: *underground* und Neues Schauspiel, außerdem Werkstatttheater.

### Teatro di San Carlo (F 5)

Via San Carlo, 1
Tel. 08 17 97 23 31/412
www.teatrosancarlo.it
R2, R3, 201: San Carlo
Im 40 Jahre vor der Mailänder Scala eröffneten San Carlo gibt es jede Art von traditioneller Bühnenaufführung. Schwerpunkte: Klassik und Oper. Führungen s. S. 90.

### Teatro Totò (außerhalb)

Via Frediano Cavara, 12e
Tel. 081 29 52 56
M1, M2: Museo/Cavour
Ein Totò-Museum gibt's noch nicht, die Bühne mit dem Namen des beliebten Komikers schon. Spielort bekannter italienischer oder neapolitanischer Komödien und witziger Neuentdeckungen.

### Tunnel Cabaret (G 3)

Via Santa Chiara, 16
Tel. 08 15 64 74 27
www.tunnelcabaret.com
Mo geschl.
Centro antico
Kabarett und akustische Musik; gute Küche zu bescheidenen Preisen.

## Kino

Wer die italienische Sprache ›kinotauglich‹ beherrscht, findet eine recht große Filmauswahl im kommerziellen und im künstlerischen Bereich (s. auch Festivals S. 67 und unten). Filme in deutscher Sprache werden sporadisch im Goethe-Institut (s. S. 72) gezeigt. Ein regulärer Kinobesuch kostet etwa 7 €, montags ist jedoch in der Academy Astra (s. u.) Kinotag für 3 €.

### Academy Astra (G 3)

Via Mezzocannone, 109
Tel. 08 15 52 07 13
Centro antico (E1)
Kultkino mit Vorpremieren und anspruchsvollen Szenefilmen.

### Modernissimo (F 3)

Via Cisternia dell'Olio, 59
www.modernissimo.it
Centro antico
Erstes Kino mit mehreren Sälen in Süditalien. Das Modernissimo veranstaltet im Juni das **Internationale Napoli Film Festival.**

## Konzerte

### Arenile di Bagnoli (außerhalb)

Bagnoli
M2: Bagnoli, dann C9/10: Coroglio

**»Meine Augen sind geblendet, meine Seele ist entzückt« – so Stendhals Urteil über das Teatro di San Carlo**

## Kunst-Metro

»Wir bauen die schönste Metro der Welt" – so Antonio Bassolino, Präsident der Region Kampanien, über die Line M1, die Metro dell'Arte. Mit jeder neu eröffneten Station wird Neapel um bedeutende Kunstwerke reicher. Die Fahrt mit der Metro kann auf der Piazza Dante beginnen. In der Metrostation hängen auf fünf Etagen Werke u. a. von Joseph Kosuth, Jannis Kounellis und Michelangelo Pistoletto. Nächste Etappe: Savator Rosa. Die Station in Dunkelrosa gleicht einer Galerie für zeitgenössische Kunst – unbedingt mit den Rolltreppen nach oben fahren! Auf dem Rückweg bietet sich als Halt »Museo« an, die Station neben dem Archäologischen Nationalmuseum mit Fotos von Mimmo Jodice.

»Area Italsider« nennt sich der Freiluft-Konzertplatz, der vorwiegend für Popfestivals genutzt wird.

### Associazione Scarlatti

Tel. 08 17 61 12 21
www.napoli.com/assoscarlatti
Der Verein veranstaltet Konzerte klassischer Musik (17.–20. Jh.) u. a. in der Chiesa Britannica (R2, R3: Via San Pasquale, 15).

### Teatro Tenda Partenope (außerhalb)

Via Barbagallo, Tel. 08 15 70 00 08
M 2: Edenlandia
Was von außen wie ein Zirkuszelt aussieht, entpuppt sich als Konzerthalle mit mittlerem Fassungsvermögen für nationale und internationale Pop- und Rockkonzerte.

## Literatur & Wissenschaft

### Città della Scienza (außerhalb)

Via Coroglio, 104
Tel. 08 17 35 21 11
www.cittadellascienza.it
Di–Sa 9–18, So 10–20 Uhr
Eintritt 7 €
M2: Bagnoli, dann C9/C10: Coroglio
Das erste Wissenschaftszentrum Italiens. Für die kindgerechte Präsentation von Technologie und Wissenschaft – z. B. simulierter Vesuv-Ausbruch in der Vulkanabteilung und zig Möglichkeiten, Wissen über Anfassen, Riechen und Experimentieren zu vermitteln – arbeitet die Einrichtung mit den Wissenschaftszentren Europas zusammen. Nicht verpassen sollte man den *drizzacapelli* – eine Apparatur, die die Haare zu Berge stehen lässt.

### Goethe-Institut (E 5)

Via Chiaia, 202
Tel. 081 41 39 43
www.goethe.de/it/nea
R2, R3, 201: T. Trento
Noch ist das Institut nicht geschlossen und bietet u. a. Ausstellungen, Theater- und Kinoaufführungen, Rundgänge.

### Istituto Italiano per gli Studi Filosofici (E 6)

Via Monte di Dio, 14–15, www.iisf.it
R2, dann C22: Monte di Dio
Als Zeichen für die neu erwachte Hoffnung der Stadt Neapel ließ Bürgermeister Bassolino das große Tor zum Palazzo Serra di Cassano 1995 wieder eröffnen. Heute befindet sich dahinter das 1975 gegründete Institut, das gesellschaftsphilosophische Weiterbildung betreibt. Den Treppenaufgang entwarf Ferdinando Sanfelice (s. S. 84f.).

# Unterwegs mit Kindern

Neapolitaner sind kinderfreundlich und nehmen die Bedürfnisse der Kinder ernst. Die lieben Kleinen stehen meistens im Mittelpunkt des Geschehens und genießen relativ große Freiräume. Über tobende und lärmende Kinder regt sich in Neapel niemand auf, zumal die Geräuschpegel in der Stadt sowie relativ hoch ist.

Das Straßenpflaster in der Altstadt ist etwas uneben und damit ein wenig beschwerlicher für Buggys und Kinderwagen als glatter Asphalt, aber zum ›Ausgleich‹ sind die Menschen sehr aufmerksam, machen Platz und lassen Kinderwagen die ›Vorfahrt‹, besonders wenn es in den Straßen eng und turbulent zugeht.

## Tipps für den Reisealltag

Pflegeprodukte und Windeln für Kleinkinder sind in Supermärkten, Drogerien und den Farmasanitari erhältlich. In Apotheken und den Farmasanitari findet sich auch Babynahrung.

Da Pizza und Pasta oft zu den Lieblingsgerichten von Kindern gehören, ist die Versorgung in Neapel damit mehr als garantiert. Restaurants und Trattorien gehen gerne auf Kinderwünsche ein und bereiten ein einfaches Nudelgericht zu, auch wenn es nicht auf der Karte stehen sollte.

Die meisten Pensionen, kleinere Hotels und Bed&Breakfast-Häuser richten sich ebenfalls nach Kindern, haben Mehrbettenzimmer und stellen die Küche für die Zubereitung von Fläschchen und Tees zur Verfügung.

## Unternehmungen drinnen ...

Neapel bietet ein abwechslungsreiches Besichtigungsprogramm für Kinder ab etwa fünf/sechs Jahren. Im Aquarium Dohrn (s. S. 93) lässt sich die Meereswelt des Golfes von Neapel entdecken. Die Wissenschaftsstadt Città della Scienza (s. S. 72) ist ganz auf Kinder eingestellt und auch ein Besuch im Archäologischen Nationalmuseum (s. S. 90) wird mit ein bisschen erklärender Hilfestellung zum Erlebnis. Die Tier- und Pflanzenwelt der Antike findet sich auf Fresken und Mosaiken wieder, und es gibt sogar Kinderspielzeug von damals.

Abenteuerlich sind die alten Universitätsmuseen für Paläontologie und Zoologie (s. S. 92) mit ausgestopften Tieren (meist auf natürliche Weise gestorben), Fossilien und einem Dinosaurierskelett.

## ... und draußen

Große Flächen zum Spielen und Toben bieten der Park von Capodimonte (s. S. 93) – an Sonntagen mit Fahrradverleih inkl. Kinderrädern – und die Villa Comunale (s. S. 93) mit Spielplatz.

Ein spannendes Ausflugsziel ist der Vesuv (s. S. 105). Der Aufstieg zum Krater ist vergleichbar mit einer gemütlichen einstündigen Wanderung und bietet reichlich Gelegenheit, Vulkangestein zu sammeln.

Abenteuerlich ist auch der Besuch der Solfatara (s. S. 104f.) in Pozzuoli. Mit seinem blubbernden und stinkendem Kratersee und den aus dem warmen Boden aufsteigenden Schwefeldämpfen ist dieser Vulkan für Kinder eine Attraktion, da sie das Naturschauspiel aus nächster Nähe beobachten (und riechen) können.

Pompeji (s. S. 94ff.) ist kindgerecht, wenn man eine Picknickpause zum Verschnaufen einlegt. Spezielle Audioguides für Kinder stellen die Antike besonders anschaulich dar.

# Neapel aktiv

Die Küste der Campi Flegrei ist ein ›heißer‹ Tipp für Taucher

## Fitness

### Jogging

Im Park von Capodimonte (s. S. 93, 110f.) lässt sich ein Lauftraining von 1–2 Std. absolvieren. Als Alternative empfiehlt sich die Villa Comunale (s. S. 93). Asphaltfans laufen auch gerne die Via Caracciolo (am Sonntagvormittag verkehrsberuhigt) rauf und runter und zur Stazione Marittima in den Hafen. Wegen der Meeresbrise hält sich die Abgasbelastung an der Uferstraße in Grenzen.

### Radfahren

Mountainbikes verleihen Bidonville und Napolibike (s. S. 23). Obwohl das Radfahren wegen der großen Höhenunterschiede in der Stadt nicht zur bevorzugten Sportart der Neapolitaner gehört, steigt die Zahl der Biker auch in der Innenstadt langsam, aber stetig an.

Eine abwechslungsreiche Strecke bietet der Park von Capodimonte (s. S. 93) mit seinen zahlreichen kleinen Taleinschnitten und anspruchsvollen Höhenunterschieden.

### Rudern

**Bootsverleih am Borgo Marinaro (F 7)**

Neben dem Restaurant Zi Teresa

Ruderboote (Fischerkähne) gibt es am Borgo Marinaro ganzjährig an jedem Schönwetter-Wochenende.

### Schwimmen und Baden

Wenn die Wasserqualität so bleibt, steht einer Abkühlung voraussichtlich auch 2004 am Castell dell'Ovo (Borgo Marinaro, F 7) und am Mappatella-Beach (Via Caracciolo, C 6) nichts im Weg.

### Segeln

**Circolo Italia (F 7)**

Borgo Marinaro (Banchina)
Tel. 08 17 64 63 93, 08 17 64 63 93
Am Borgo Marinaro befindet sich einer der bekanntesten Segelclubs Italiens: der Circolo Italia. Seit der neapolitanische Skipper De Angelis beim America's Cup ins Finale segelte, hat der Verein mehr Zulauf, und die Segelboote vor dem Castell dell'Ovo mit übenden Jugendlichen häufen sich …

### Tauchen

**Tauchcenter C. Fiorito (B 7)**

Infos: Via Caracciolo, 15/A
Mobil-Tel. 34 77 87 50 92
Tauchgänge und -kurse, auch Verleih von Tauchzubehör.

### Trekking und Skyrunning

**Sportchallengers Movimento Ecosportivo (F 7)**

Via Chiatamone, 27
Tel. 08 12 47 46 98
www.sportchallengers.com
Trekking und Skyrunning (›Höhenlaufen‹, vertikales Joggen auf Strecken mit großen Höhenunterschieden, z. B. den Vesuv hoch, im Nationalpark des Vesuv.

## Vergnügungspark

### Edenlandia (außerhalb)

Viale Kennedy
Tel. 08 12 39 11 82
www.edenlandia.it
April– Mai Mo–Fr 13–20,
Sa, So 10.30–24 Uhr, Juni–Sept.
Mo–Fr 17.30–24/1,
Sa, So 10.30–24 Uhr,
Okt.–März Sa, So 10.30–24 Uhr,
die Zeiten können variieren
Info-Tel. 08 12 39 96 93
Eintritt 2,10 €, Kinder unter
1 Jahr und 1 m Körpergröße frei,
Hightech-Karussells 8,50 € extra
M: Mostra d'Oltremare
Vergnügungspark mit allen Schikanen.

## Wellness

### Stufe di Nerone (außerhalb)

Bacoli
Via Stufe di Nerone, 37
Tel. 08 18 68 80 06
Cumana oder Sepsa-Bus: Lucrino
Schon zu Zeiten der Römer gab es diese klassische Kur- und Badeeinrichtung mit natürlichem Schwitzbad am Lucriner See auf den Phlegräischen Feldern. Heute sind die »Öfen Neros« eine Beautyfarm mit Natursauna (53° C), Freibad, Thermalbecken, Terrassengarten, Restaurant und Panoramablick über den Golf von Neapel. Das brom- und jodhaltige Wasser tritt mit einer Temperatur von 74° C an die Oberfläche, stärkt Kreislauf und Muskeltonus und hilft bei Rheumabeschwerden.

## Sport-Highlights

**Fußball:** Nur eine Saison lang (2001) war der SSC Erstligist – 2003 drohte dem ehemaligen Verein von Diego Armando Maradona sogar der Abstieg in die dritte Liga. Nun setzt man auf den Neuaufbau der Mannschaft, und die Fans hoffen auf eine erfolgreiche SSC-Saison 2004 und auf ein neues, positives Fußballkapitel für die Stadt (Stadio San Paolo in Fuorigrotta, außerhalb, Via Lepanto, www.clubnapoli.it, M2: Campi Flegrei, Cumana: Mostra).
**Internationale Pferderennen:** Die ›Gran Premio Lotteria di Agnano‹ finden im Ippodromo von Agnano statt (Via Circonvallazione di Agnano, außerhalb, Metro bis Bagnoli, von da weiter mit dem Bus C5 bis Scuderie, Ippodromo).
**Napoli Marathon:** *die* internationale Laufveranstaltung der Stadt Anfang/Mitte März. Anfangs- und Endpunkt ist die Piazza Plebiscito. Gleichzeitig finden auch ein Halbmarathon und ein 6-km-Lauf für alle statt (Anmeldung und Info: Tel. 08 18 73 19 55, www.napolimarathon)
**itMaratona della Pace:** 42 km von Neapel nach Pompeji für den Frieden (Mitte Nov.).

# Sehenswert

Neapel will hoch hinaus: im Centro direzionale

## Der Vesuv im Hintergrund

Eine einzelne Sehenswürdigkeit, die stellvertretend für Neapel steht, wie der Eiffelturm für Paris, werden Sie vergeblich suchen. Diese Funktion darf höchstens der Vesuv für sich in Anspruch nehmen. Ein Konglomerat an Sehenswürdigkeiten aber bietet das historische Zentrum – es gibt in Europa keine größere und schönere Altstadt als die Neapels. Die barocken Kirchen, die engen Straßen mit den alten, herrschaftlichen Palazzi und die kleinen Bars des Centro antico stehen aber nicht nur für sich selbst. Seit Jahrhunderten sind sie Bühne des Lebens und Schauplatz der neapolitanischen Volkskultur. Ohne sein Volk wäre die Altstadt Neapels seelenlos. So ist dieses Zentrum, das seinen griechisch-römischen Grundriss bis heute bewahrt hat, ein idealer Ausgangspunkt, um Neapel kennen zu lernen. Trotz seiner relativen Größe lässt sich das Gebiet, der so genannte Bauch der Stadt, »il ventre di Napoli«, zu Fuß erschließen.

## Das Panorama von oben

Um sich einen Überblick zu verschaffen, bieten sich die erhöhten Lagen an, so das Castell Sant'Elmo und das Museum San Martino auf dem Vomero, einem Hügel, auf dem sich das gleichnamige bürgerliche Viertel ausgebreitet hat. Auch vom nördlichen Capodimonte aus lässt sich die Stadt gut überblicken.

Aus der Höhe wird schnell klar, dass man sich in Neapel nicht so leicht verlieren kann. Das Meer auf der einen, die Hügel auf der anderen Seite – da fällt die Orientierung nicht so schwer. Die großen repräsentativen Gebäude, Plätze und berühmten Museen liegen fast alle an exponierter Stelle: einerseits auf den Hügeln wie Capodimonte im Norden oder San Martino im Westen. Andererseits folgen sie der Meereslinie westwärts wie der Maschio Angioino mit dem Hafen im Hintergrund oder dem Palazzo Reale an der Piazza Plebiscito. Dieser Platz ist der Mittelpunkt des ›Salons von Neapel‹, dem früheren und heutigen Regierungsviertel.

## Stadtviertel (I Quartieri di Napoli)

Obwohl jedes der Stadtviertel (I Quartieri di Napoli) seinen eigenen Charakter hat, besteht Neapel aus einem Miteinander im Durcheinander.

## Bagnoli (außerhalb)

M2: Bagnoli, dann C9/10: Coroglio
Synonym für ein Stahl- und Chemiewerk am Meer. Jahrzehntelang zertrat eine Bausünde namens »Italsider« die früher paradiesische Natur mit eisernem Fuß, doch seit Mitte der 1990er Jahre wird das schlimmste Beispiel süditalienischer Umweltzerstörung abgebaut. Einige Produktionsanlagen stehen nun in Indien, andere werden noch zerlegt. Die Zukunft von Bagnoli: ein riesiges Freizeitareal auf renaturiertem Grund. Schon jetzt interessant ist die Città della Scienza (s. S. 72).

## Bahnhofsviertel (J/K 1/2)

M2: Piazza Garibaldi
Wer aus Zug oder Flughafenbus steigt, steht mittendrin. Die Piazza Garibaldi ist nicht die beste Gegend der Stadt – und immer gut für den ersten Kulturschock. Hier liegen viele zweifelhafte Hotels und andere Finanzfallen für gutgläubige Touristen. Drum herum ist immer Markt: Schwarzmarkt (Fälschungen jeder Art), Markt für Haushaltshilfen aus dem Osten, aber auch ganz klassisch für Fisch und Gemüse.

## Centro antico (G/H 2/3)

Haltestellen s. S. 14
Das alte Herz Neapels schlägt zwischen drei urigen Straßen aus griechisch-römischer Zeit. Die Via Anticaglia, die Tribunali und die »Spaccanapoli« genannte San Biagio dei Librai verlaufen parallel zwischen der Porta Capuana und der Kirche Santa Chiara. Hier fährt sogar ein Bus, und straßenweise gibt's autofreie Zonen. Was der planlose Verkehr angerichtet hat, zeigt sich als Rußschicht auf früher hellen Kirchen oder ehemals leuchtend roten Gebäuden.

## Centro direzionale (außerhalb)

Ab Hbf: C58, C61: Centro direz.
Die Wolkenkratzer in Bahnhofsnähe haben einen Großteil der neapolitanischen Verwaltung aufgenommen, außerdem Banken, Büros und Wohnungen. Mittlerweile gibt's auch einige Bars und Lokale. Am Wochenende ist hier oft musikalisch ›Hoch-house‹ (s. Freezer, S. 57) angesagt.

## Chiaia und Vomero (C/D 5/6, C 2–4 und D 3/4)

M2: Amedeo, R3: Riviera di Chiaia, Funicolari: Montesanto/Centro/Chiaia
Hügelaufwärts hinter dem Lungomare liegt das mondäne Chiaia mit den luxuriösen und leicht versnobten Geschäften, Bars und Discos. Praktischerweise kommt der größere Teil der Kundschaft vom Vomero, dem bürgerlichen Viertel, das sich auf dem darüber liegenden, ebenso genannten Hügel erhebt und ein wenig an Paris erinnert.

## Forcella (H/J 2)

Centro antico
Bis vor wenigen Jahren hatte der Giuliano-Clan die Macht über die Via Forcella, die dem Viertel den Namen gab. Zurzeit gehen von dem grauweißen, mit Panzerglas versehenen Palazzo am Spitzeck der Straße wohl keine tödlichen Aufträge aus: Die Brüder haben ihre Vergangenheit bereut und gestanden. Das Altstadtkarree um die Via Forcella zwischen Dom und Piazza Garibaldi ist noch immer eine geschäftige Gegend, nicht nur, wenn es ums Stehlen, Hehlen und Raubkopieren geht. Hier wird auf offener Straße frittiert, verkauft, repariert oder nur beobachtet, was die anderen gerade machen.

### Quartieri Spagnoli (E/F 4)

R1–4, 201: Municipio

Ein meisterhafter Irrgarten, Mitte des 16. Jh. entstanden für die spanischen Soldaten. Wer sich darin wirklich auskennen will, muss lange dort gelebt haben. Ein geeignetes Viertel auch für kleinere Raubattacken, nach denen meist zwei Jungs mit ihrer Vespa auf Nimmerwiedersehen verschwinden. Jede Verfolgung ist sinnlos, aber die ›Chance‹, tagsüber Opfer eines solchen *scippo* zu werden, ist gegen Null gesunken. Weitere Zeichen einer positiven Wandlung: Kino und Kulturzentrum haben sich in der Galleria Toledo angesiedelt, Straßen wurden neu gepflastert und beleuchtet und in einigen *bassi* eröffnen kleine Lokale.

### Sanità (nordwestlich G 1)

M1/2: Museo/Cavour

Für Fremde war der Bereich nördlich der Piazza Cavour noch bis vor 15 Jahren Sperrgebiet. Heute ist es ungefährlich, sich das etwas abseits gelegene und daher kaum von Touristen beachtete Quartier anzuschauen. Rund um die Via della Sanità wurde einiges renoviert, zuletzt um die Via Vergini.

### Santa Lucia und die Häfen (F 6, G 5/6, H 5)

C25, 140: Santa Lucia

Das alte Viertel trennt mit seinem Fischerhafen Borgo Marinaro und dem Castel dell'Ovo den Lungomare vom Haupthafen mit der Stazione Marittima, einem Mussolini-Bau. Hier kommen die meisten Schiffspassagiere an, eingeschüchtert von den wuchtigen Wehrtürmen des Maschio Angioino gegenüber. Zu Beginn des 20. Jh. begann hier für viele Familien die Suche nach einem Neuanfang in der Neuen Welt. Heute stehen am Ufer die teuersten Hotels, Restaurants und Lokale mit Blick übers Meer, links auf den Vesuv, rechts den Lungomare entlang nach Mergellina.

## Gebäude, Straßen & Plätze

### Albergo dei Poveri (außerhalb)

Via Foria (H 1)

Öffnet zu Sonderveranstaltungen

201: Carlo III.

Zyniker sehen in diesem Bau ein Sinnbild für den italienischen Sozialstaat. Das »Hotel der Armen« entstand von 1751 bis 1829 auf Anweisung des Bourbonenkönigs Karl III., um Obdachlosen, Alten und Waisen in Neapel ein Dach über dem Kopf zu geben. Die Gebäudefront misst 350 m, verglichen mit der ursprünglichen Planung ist die Anlage aber nur zur Hälfte fertig geworden. In dem heute teils noch völlig heruntergekommenen Bauwerk – die Mittelfassade erstrahlt schon wieder in Rosa – soll nach seiner Restaurierung ein multimediales Geschichtsmuseum entstehen.

### Cappella San Severo (G 2)

Via F. de Sanctis, 19

Mi–Mo 10–20, So 10–13.30 Uhr

Eintritt 6 €, für Studenten 3 €

Centro antico

Berühmt ist dieses Kirchlein einmal für die höchst filigrane Skulptur des »Verhüllten Christus«, zum anderen für die gut erhaltenen Forschungsobjekte im Untergeschoss: zwei detaillierte Rekonstruktionen des venösen und arteriellen Systems im menschlichen Körper.

**Den Hafen von Mergellina rühmten schon die Dichter des 19. Jh. für seine Schönheit**

## Stadtrundfahrten & -rundgänge

Viele Führungen finden nur sporadisch oder am Wochenende statt und werden von Kulturvereinen organisiert.

Wer einen ›Abstecher‹ in die **Antike** machen möchte, ist bei Legambiente/Neapolis 2000 gut aufgehoben: Die Umweltschutzgruppe organisiert Stadtrundgänge auf den Spuren des antiken Neapolis und am Wochenende Exkursionen in die Umgebung von Neapel, oft zu vergessenen Naturschauplätzen (Vico della Quercia, 7, F 3, Tel./Fax 08 12 51 41 97, www.neapolisworld.com, R1, R4, CD, CS: Dante). Auf eine Zeitreise von 3000 Jahren geht man mit VIVIQuartiere und lernt Katakomben, Kirchen und Paläste im Stadtviertel Sanità und in den Straßen der Altstadt kennen (Tel. 081 45 57 12, www.cib.na.cnr.it/vergini, sonntags oder auf Anfrage). Auf antiken Wegen zu antiken Landgütern führt Fondi Rustici (Tel. 08 15 93 68 31) Neugierige am Wochenende.

**Neapel vom Meer** aus bietet Ascultur Campania (Tel. 081 66 55 32, 08 15 52 01 05) an: nostalgisches Küstenschippern, sommerliche Tagesausflüge und nächtliches Sightseeing mit Feuerwerk.

In den **Untergrund** entführt Napoli Sotterraneo auf einem 90-minütigen Spaziergang zu antiken Zisternen und Steinbrüchen (Piazza S. Gaetano, G 2, Tel. 081 29 69 44, www.napolisotterranea.com, Mo–Fr ab 12, 14, 16, Do auch ab 21 Uhr, Sa, So und an Feiertagen ab 10, 12, 14, 16 und 18 Uhr, 9.30 €, Führungen auch auf Deutsch, Englisch und Italienisch). Ebenfalls Führungen durch den Untergrund Neapels im Bereich der Via Toledo/Quartieri Spagnoli veranstaltet Laes (Tel. 081 40 02 56, Sa, So 10, 12 und 18, Do 21 Uhr sowie tgl. nach Voranmeldung, Treffpunkt an der Piazza Trieste e Trento, F 5, vor dem Caffè Gambrinus).

Gemütliche **Radtouren** durch die städtischen Parks oder durch die Altstadt bietet Napolibike an (Mai–Sept. Do 19.30–ca. 22 Uhr, Leihgebühr 5 € pro Std., Treffpunkt bei Napolibike, s.S. 23).

### Castel dell'Ovo (F 7)

Borgo Marinaro, Via Caracciolo
Mo–Sa 9–19, So 9–13 Uhr
C25, 140: Santa Lucia

Auf dem Inselvorsprung Megaris, wo griechische Händler die Stadt Partenope gründeten, bauten die Normannen im 13. Jh. das älteste Kastell der Stadt. Die Begründung für den Namen »Ei-Kastell« liegt in seinem eiförmigen Grundriss. Des Weiteren erfanden die Legenden liebenden Neapolitaner die Geschichte vom Dichter Vergil, der, im Mittelalter für einen Magier gehalten, im Inneren des Kastells ein magisches Ei gehütet habe, von dessen Unversehrtheit das Schicksal der ganzen Stadt abhing.

### Castel Nuovo (Maschio Angioino, G 5)

Tel. 08 17 95 20 03
Mo–Sa 9–19 Uhr
R1–4, 201: Municipio

Die Bilderbuchburg mit vier wuchtigen Rundtürmen wurde 1882 nach nur 56 Wochen Bauzeit fertig gestellt. Im heute leeren Wassergraben ist morgens Blumenmarkt, früher schwammen hier Krokodile. Der Maschio war im 14. Jh. Zentrum des kulturellen und politischen Lebens, Giotto, Petrarca und Boccaccio waren Gäste am Hof von Roberto d'Anjou. Den Einzug der Aragonesen 1443 schildert als wichtiges Zeugnis der italienischen Renaissance der doppelte Triumphbogen aus Marmor über dem Eingangstor (Museo Civico und Kapelle, s. S. 90f.).

### Castel Sant'Elmo (D 4)

Via T. Angelini
Di–So 9–19 Uhr
Eintritt 1 €
Funicolare: Montesanto, Centrale
Roberto D'Anjou erweiterte das wohl im Mittelalter gebaute Fort 1329 zu einem sternförmigen Klotz, das zugleich als Schloss und strategisches Kastell diente. Den letzten Versuch, es zu zerstören, unternahmen die Deutschen 1943. Doch die Italiener verminten Sant'Elmo, und so blieb es erhalten.

### Chiesa del Gesù Nuovo (F/G 3)

Piazza Gesù
6.30–12.45/13.30,
feiertags 16.15–19.30 Uhr
Centro antico
Die Fassade aus nach vorne spitz zulaufenden Steinen gehörte im 15. Jh. noch zum Palast der San Severino von Salerno. In Ungnade gefallen, musste die Familie auswandern, und 100 Jahre später wurde der Bau zur Basis der neuen Jesuitenkirche umfunktioniert. Der große Altar ist der Höhepunkt der barocken Ausstattung im Inneren.

### Chiesa di San Domenico Maggiore (G 3)

Piazza San Domenico Maggiore, 8a
7.30–11.30, 17.30–18.30, feiertags 8.30–12.45, 17.30–18.45 Uhr
Centro antico
Als die Dominikaner die gotische Kirche bauten, befand sich auf dem Platz schon die Kapelle San Michele Arcangelo a Morfisa. Sie wurde integriert und trägt nun ihren Teil zur inneren Stilmischung bei. Im angeschlossenen Konvent haben Thomas von Aquin und Giordano Bruno studiert.

### Chiesa di San Francesco di Paola (F 6)

Piazza Plebiscito
Mo–Sa 7.30–11.30, 15.30–18,
So 7.30–13 Uhr
R2, R3, C25, 24: T. Trento
Von den Bourbonen 1817–46 zum Dank für die wieder erlangte Herrschaft über Neapel gebaut. Das römische Pantheon ist das deutlich erkennbare Vorbild des beeindruckenden Monumentes mit seiner Kuppel von 34 m Durchmesser und 53 Höhenmetern.

### Chiesa di San Gregorio Armeno (G/H 2)

Via San Gregorio Armeno, 44,
Ecke Via Maffei
Mo–Fr 9–12, Sa, So 9–13 Uhr
Centro antico
Kirche und Konvikt gehören zu den wichtigsten in der Altstadt. Der Name stammt von einer Gruppe armenischer Schwestern, die in vorchristlicher Zeit mit den Reliquien des Heiligen vor ihren Verfolgern flüchteten. In unmittelbarer Nähe liegt die berühmte Krippenstraße Neapels (s. S. 50).

### Chiesa di San Lorenzo Maggiore (H 2)

Via dei Tribunali, 316
Mi–Mo 9–13, 16–18.30,
So, feiertags 10–13.30 Uhr
Eintritt 4 €
Centro antico
Auf dem früheren Forum Romanum steht sozusagen eine ›Schichtkirche‹: Der ursprünglich aus der Frühgotik stammenden Klosterkirche der Franzis-

kaner wurde eine gotische Fassade vorgesetzt. Hier soll Boccaccio seine Fiammetta getroffen haben. Zu besichtigen sind auch Kreuzgang, Prachtsäle und (bald) ein Museum. Die begehbaren Grabungen unter der Kirche zeigen viel Vorgeschichtliches (s. Tour 1, S. 108f.).

## Chiesa di Santa Chiara (G 3)

Via Santa Chiara, 49c
Klosterkomplex mit Majolikakreuzgang, dem Museo dell'opera und Ausgrabungen: Di–Sa 9.30–13, 15.30–17.30, So 9.30–13 Uhr
Eintritt 4 €
Centro antico

Hier liegt mit einigen Verwandten Roberto d'Anjou begraben, der die so schlichte wie große gotische Kirche bauen ließ und im Übrigen der Ansicht war, dass die Kirchengüter nur der Armenhilfe zugute kommen sollten. Auch einige Adelige der Bourbonendynastie sind in S. Chiara bestattet. Das Grab des Bourbonen Philipp, entworfen von Ferdinando Fuga, ist eines der wenigen unversehrten Werke seiner Art aus dem 17. Jh. 1943 zerstörte ein schwerer Bombenangriff mit nachfolgendem Brand Decken, Stuck und Statuen der Kirche, die größtenteils neu aufgebaut werden musste.

### Highlight 5

Weniger schlicht als das Innere von S. Chiara sieht das angrenzende Klarissenkloster aus. Dessen märchenhaften Innenhof, den **Majolika-Kreuzgang** (Chiostro Maiolicato), ließ die Bourbonenkönigin Amalie von Sachsen im 18. Jh. anlegen. 72 achteckige Säulen, die vollständig mit Majolika-Kacheln verkleidet sind, gestalten den ehemaligen Kreuzgang. Bukolische und mythologiche Szenen, entworfen von Antonio Vaccarro, schmücken auch die mit Majolika-Kacheln verzierten Bänke (s. Foto S. 6/7) zwischen den Säulen – Platz nehmen ist aber leider verboten. Trotzdem zählt der Aufenthalt im Kreuzgang zu einem der beschaulichsten in ganz Neapel.

Im benachbarten **Museo dell'opera** werden Kunstwerke und archäologische Funde aus der langen Klostergeschichte gezeigt.

## Chiesa di Santa Maria del Carmine (J 3)

Piazza del Carmine
tgl. 9–12, 17–19 Uhr
R2, CS, CD: Umberto

Auf dem Marktplatz vor dem Gotteshaus wurde der 16-jährige Corradino di Svevia 1268 als letzter Staufer enthauptet und der neapolitanische Aufrührer Masaniello 1647 gevierteilt. Corradinos Mutter, Elisabeth von Bayern, ließ Kirche und Denkmal für ihren Sohn errichten. In der ursprünglich gotischen Kirche mit der reichen barocken Innenausstattung sind die vielen Exvoti sehenswert. Jeweils am 15. Juli findet ein ›Feuerspektakel‹ für die Madonna del Carmine statt.

## Corso Umberto I (Rettifilo, H 3–J 2)

R2: Corso Umberto

Als Alternative zur Via Toledo ist der auch Rettifilo genannte Corso für Schnäppchensucher immer ein Shopping-Stündchen wert. Als eine der Hauptverkehrsadern der Stadt verbindet er die Piazza Garibaldi mit dem Rathausviertel.

**›Shopping-mall‹ aus dem 19. Jh.: die Galleria Umberto**

BARBARO

### Duomo (H 2)

Via Duomo, 147
Dom: Mo–Sa 7.30–12.30, 16.30–19.30, So 17–19.30 Uhr
Schatzkapelle: Mo–Sa 9.30– 12.30, 16.30–19, So 9–12.30 Uhr
Eintritt zu großen Ausgrabungen und für das Baptisterium: 3 €
Centro antico

Mehr als 1000 Jahre dauerte es, bis die Reliquien des im Jahr 305 geköpften und später heilig gesprochenen Märtyrers Januarius (San Gennaro) hier ihre Ruhestätte fanden. 1315 wurde der Dom geweiht. Direkt daran grenzt die Basilika der ältesten Kirche Neapels an, Santa Restituta. Im Anbau der Schatzkapelle des hl. Januarius befinden sich die Ampullen mit seinem Blut, das sich jeweils zu den Prozessionsterminen im Mai und September auf wunderbare Weise verflüssigt.

### Galleria Umberto I. (F 5)

Via Toledo
R1–4, 201: Municipio

Neapels ›Shopping-mall‹ unter einem Stahl- und Glasdach, 57 m hoch und nach dem Vorbild der Mailänder Galleria Vittorio Emanuele II 1890 gebaut. Außer den edlen Läden sind im Inneren der mehrfarbige Marmorboden und die im Zentrum eingearbeiteten Tierkreiszeichen sehenswert (s. Foto S. 83).

### Lungomare Via Caracciolo (A 7, B 6/7, C 6–E 6/7)

R3: Vittoria/Riviera di Chiaia,
C25: Vittoria

Nicht nur betuchte Hotelgäste, verliebte Pärchen und Asphaltjogger lieben die Via Caracciolo zwischen dem Castel dell'Ovo und dem Hafen von Mergellina. Sonntagvormittags wird die perspektivenreiche Promenade für den Autoverkehr gesperrt und zusammen mit der Villa Comunale zum gern genutzten Naherholungsgebiet.

6

**Highlight**

### Palazzo dello Spagnolo und Palazzo Sanfelice (G 1)

Via dei Vergini, 20
Via Arena della Sanità, 2–6
M2/M1: Cavour/Museo

Die Palazzi von Ferdinando Sanfelice (1675–1748) sind Meisterwerke der neapolitanischen Barockarchitektur. Sanfelice war auf Treppenhäuser und -läufe spezialisiert. Mit seinen schwungvollen Konstruktionen machte er sich einen Namen als führender Profanarchitekt. Er rückte das Bauelement ›Treppe‹, das seit der Zeit der Anjou viele Innenhöfe charakterisiert, ins Zentrum des architektonischen Gesamtgefüges und gestaltete das offene Treppenhaus wesentlich auffälliger als die äußere Fassade des Palazzo.

Der Blick in den Innenhof des aufwändig renovierten **Palazzo dello Spagnolo** von ca. 1738 verdeutlicht das Prinzip Sanfelices unmittelbar: Die Front des Treppenhauses, das den Hof in zwei Bereiche teilt, ist untergliedert in einen statischen Mittelteil und dynamische Seitenflügel, die diese Bezeichnung wirklich verdienen, denn die gesamte Fassade sieht aus wie ein Raubvogel mit seinen Schwingen rechts und links. Sanfelice verwandelt die Treppenläufe in theatralische Schauplätze – die Bühne des Lebens mit seinen Höhen und Tiefen. Ihre Wirkung entfalten die Treppenhäuser erst dann vollständig, wenn jemand die Treppenstufen hinauf- und wieder hinabsteigt und man selbst im Hof stehen und zuschauen kann. Seinen Namen erhielt der Palazzo, weil ein Mann, der »der Spanier« genannt wurde, ihn zu Beginn des 19. Jh. kaufte.

Ein Beispiel dafür, dass nicht alle Meisterwerke in Neapel gepflegt oder restauriert werden können, ist der **Palazzo Sanfelice** (auf derselben Seite, der Straße folgend, nach ca. 300 m in der Straßenbiegung), den der geniale Baukünstler 1728 für seine Familie schuf. Hier setzte er übrigens sein Konzept eines offenen Treppenhauses zum ersten Mal um.

**Weitere Schöpfungen Sanfelices** sind der Palazzo Serra di Cassano in der Via Monte di Dio und die monumentale Freitreppe von S. Giovanni a Carbonara.

Highlight 7

## Piazza Bellini (G 2)

M1: Dante

Das gemütliche ›Vorzimmer‹ der antiken Altstadt beginnt wenige Meter hinter dem barocken Stadttor, der Port'Alba, die Vizekönig Antonio Avarez di Toledo1625 erbauen ließ. Zwischen der Via Costantinopoli und den etwas ›tiefer gelegten Freiluftsitzplätzen‹ der Cafés am Platz steht das Denkmal des neapolitanischen Komponisten Vincenzo Bellini.

Die Fassade des Palazzo Conca im Rücken der Bellini-Statue gehörte im 15. Jh. zu den prunkvollsten Neapels und ist seit 2003 renoviert. Es ist kaum vorstellbar, dass die Piazza Bellini – wie auch die Piazza Plebiscito – in den 1980er Jahren noch ein Parkplatz war. Ende desselben Jahrzehnts kehrte dann langsam das kulturelle Leben zurück, als die Piazza wieder zum öffentlichen Raum für die Menschen wurde – und nicht mehr für die Autos. Literaturcafés, Bars und die Frauenbuchhandlung von Lia Polcari eröffneten nach und nach und verwandelten die Piazza in einen Publikumsmagneten der Altstadt.

Zu Füßen der Bellini-Statue öffnet sich ein Graben mit den Überresten der griechischen Stadtmauer, die damals Neapolis nach Westen hin abschloss. Die doppelten Wände der Mauer bestehen aus großen Tuffblöcken, auf deren Innenseite Graffitis zu erkennen sind. Diese Einritzungen zeigten vermutlich an, aus welchem der Steinbrüche der Tuffblock stammte.

## Piazza Dante (F 2/3)

R1, R4, M1: Dante

Seit 2002 zeigt sich der Platz in umgestalteter Form inkl. moderner Metrostation. Erinnern soll er an frühere Zeiten, als es noch keine Autos gab. Doch bald entflammte die Diskussion über das fehlende Grün auf der neuen Fußgängerzone, und schließlich wurde mit Palmen und Bänken nachgebessert.

## Piazza del Gesù Nuovo (F/G 3)

Centro antico

Einer der schönsten Altstadtplätze, in dessen Mitte ein 40 m hoher Obelisk mit der Jungfrau Maria steht. Das Rokoko-Kunstwerk entstand 1747 und wurde mit Spenden aus dem Volk finanziert, nachdem der Bourbonenkönig Karl von dem Abbild der Jungfrau in der Kirche so begeistert war, dass er sie der tagtäglichen Bewunderung aller aussetzen wollte.

## Piazza Mercato (J 3)

R2, CS: Umberto

Auf dem Marktplatz begann und endete 1647 der Volksaufstand unter Masaniello (s. S. 12). Außer ihm wurden hier noch andere missliebige Personen liquidiert. Heute ist der Markt Umschlagplatz sowohl für schnelle un-

**Nicht wenige in Neapel leben vom perfekt aufgezogenen Devotionalienhandel**

sichtbare als auch für legale Geschäfte.

## Piazza Municipio (F/G 4/5)

R1–4, C22: Municipio

Der Platz zwischen Rathaus und Hafen entstand in den 1950er Jahren auf nicht ganz rechtmäßige Weise. Der damalige Bürgermeister Lauro konnte sein Stadtplanungskonzept nicht durchsetzen und legte in einer Nacht- und Nebelaktion mit einigen Bauarbeiter-Mannschaften das architektonische Fundament zum heutigen Aussehen: ein zum Rathaus leicht ansteigendes Rechteck, an dessen Längsflächen der Castel Nuovo und das alte Luxushotel Londra stehen.

## Piazza Plebiscito (F 5/6)

R2, R3, C25, 24: T. Trento

Bis Anfang der 1990er Jahre wurde der herrschaftliche Platz profan als *parcheggio,* als Parkplatz also, genutzt. Fragen Sie Neapolitaner danach, wie die Piazza damals aussah. Sie werden von Autolawinen, Pkw-Wracks und Bussen erzählen, zwischen denen die Jugend manchmal sogar Fußball spielte. Antonio Bassolino, damals frisch gewählter Bürgermeister, ließ den Platz mit Hilfe der Staatsanwaltschaft räumen. Seither gilt die Piazza Plebiscito vielen als Symbol für Neapels kulturellen Neuanfang. Kritiker behaupten allerdings, die Umwandlung sowohl der Piazza Plebiscito als auch der Piazza Dante sei nicht konsequent zu Ende gebracht worden und die Plätze hinterließen deswegen einen unfertigen Eindruck.

Die Piazza umschließt eine ausbalancierte Architektur: dominant die Kirche San Francesco a Paola, ihr gegenüber der Königspalast, der Palazzo Reale. An den Seiten stehen weitere Gebäude demonstrativer Macht: die Paläste für das Militärkommando und die Präfektur. So teilen sich Kirche, Monarchie, Militär und Verwaltung den Blick auf den Platz, dessen Name an die Volksabstimmung von 1860 erinnert, mit der sich die Provinzen Süditaliens dem italienischen Reich angeschlossen hatten.

## Piazza della Repubblica (B 6)

M2: Mergellina

Das Denkmal auf dem Platz hinter der Villa Comunale erinnert an die so genannten Quattro Giornate di Napoli: vom 26. bis 30. September 1943 kämpfte in Neapel jede und jeder gegen die Deutschen, die vor ihrem Rückzug und dem Einmarsch der Alliierten noch wichtige öffentliche Strukturen in Neapel zerstören wollten.

## Piazza San Domenico Maggiore (G 3)

Centro antico

Die Menschen, die hier nach *spiccioli,* Kleingeld, oder nach Zigaretten fragen, sind wirklich nicht fehl am Platz. Der Namensgeber des Platzes, der hl. Dominikus, gründete den Bettelorden der Dominikanermönche. Zu seinem Andenken steht die Säule mitten auf der Piazza, allabendlich Treffpunkt für Studenten, Touristen, Altstadtjugendliche und Stadtfreaks. Tagsüber spielt sich das Leben zwischen den Bars an der Piazza ab. Und immer steht San Domenico Maggiore geheimnisvoll gotisch im Hintergrund.

## Piazza San Gaetano (G 2)

Centro antico

Hier befanden sich einst die griechische Agora und das Forum Romanum. Das Herz der antiken Stadt hat sich im Laufe der Jahrtausende nicht sehr verändert: Unter der Kirche San Lorenzo Maggiore sind Spuren des antiken Lebens erhalten geblieben (s. Tour 1, S. 109), und San Paolo baut auf dem Dioskuren-Tempel auf, von dem noch zwei Säulen erhalten sind.

## Piazza Trieste e Trento (F 5)

R2, R3, 24, C25: T. Trento

Die Piazza ist der repräsentative Salon Neapels. Auf den Platz mündet die Via Toledo, die mit ihren Geschäften wie eine ›ironische Grenze‹ zu den ärmeren Quartieri Spagnoli hügelaufwärts wirkt. Von der Toledo kommend, öffnet sich der Platz mit Blick auf die Galleria Umberto und das Theater San Carlo und endet mit der Piazza Plebiscito in einem architektonischen Paukenschlag: Politik und Klerus im Gleichgewicht, dazwischen ein Weitblick über den Hafen zum Vesuv.

## Piazzetta Nilo (G 3)

Centro antico

Als ägyptische Händler, Sklaven und Reisende sich hier vor zwei Jahrtausenden niederließen, nannten die Bewohner ihre Siedlung Nil-Kolonie. In Erinnerung an die ferne Heimat errichteten sie das Denkmal des bärtigen Nilo mit Füllhorn und den Füßen auf einem Krokodilskopf.

## Piazzetta Riario Sforza (H 2)

Centro antico

Jenseits der Via Duomo liegt das kleine Plätzchen mit einem imposanten Obelisken und der Statue des hl. Januarius (San Gennaro). Sie wurde 1631 aufgestellt, nach einem der vielen Wunder, die dem Schutzheiligen der Stadt zugeschrieben werden: Ihm war es wohl zu verdanken, dass die Lava des Vesuv damals vor den Stadtmauern zum Stillstand kam.

## Pio Monte della Misericordia (H 2)

Via dei Tribunali, 253

Centro antico

tgl. 9–13 Uhr,

Gemäldesammlung:

Di, Do, Sa 8.30–14.30 Uhr

**Highlight** 8

Wo kann man schon einen Caravaggio in der Kirche sehen? In Neapel geht auch das. Michelangelo Merisi, genannt Caravaggio, schuf eines seiner Meisterwerke für die private karitative Einrichtung Pio Monte della Misericordia, die 1602 von sieben adligen Neapolitanern gegründet wurde. Caravaggio gelang es, die sieben Werke der Barmherzigkeit in einem einzigen Bild darzustellen: die Hungrigen bekommen zu essen, die Dürstenden zu trinken, die Nackten erhalten Kleidung, die Pilger eine Unterkunft, die Kranken und Gefangen bekommen Besuch und die Toten werden bestattet. Für **Caravaggios Gemälde Nostra Signora della Misericordia,** das der Künstler 1607 schuf, erhielt er 400 Dukaten – eine enorme Summe für die damalige Zeit. Ein herber, kühner Realismus zeichnet das Gemälde aus. Als Caravaggio es beendete, fehlte die Madonna in dem Gemälde, das ihren Namen tragen sollte. Das konnten die Auftraggeber nicht durchgehen lassen, und der berühmte Maler fügte das Mariengesicht noch in den oberen Teil des Gemäldes ein.

Seit Mai 2003 kann auch die **bedeutende Gemäldesammlung** des Pio Monte wieder besichtigt werden.

**Highlight** 9

## Spaccanapoli & die Decumani (G 2/3–H 1/2/3 )

Centro antico

»Neapel ist wie New York und New York ist wie Neapel«, sagte Andy Warhol, als er 1979 die Stadt besuchte. So wie der Broadway New York diagonal teilt, spaltet die **Spaccanapoli** (F 2–G 2/3, H 2) Neapel in zwei Teile. Sie ist der Oberbegriff für die 3 km lange Straßenfolge, die in der Via Giudecca endet, die antike Hauptstraße *decumanus inferior* (Via Benedetto Croce und Via S. Biagio dei Librai) einschließt und mit der Via Pasquale Scura beginnt. Von dort oben wird der Name Spaccanapoli (»zerteilt Neapel«) besonders anschaulich. Die Via dei Tribunali (G–H 2) ist die zweite der drei Hauptstraßen, auf denen sich schon in der Antike das Stadtleben abspielte. Die Tribunali war damals der *decumanus maior,* die wichtigste Straße im antiken Stadtplan, die von Forum und Theater flankiert wurde. Sie ist auch heute noch die bedeutendste Straße der Altstadt. Der Name rührt daher, dass sie am Tribunal von Neapel endet. Die Via Sapienza, Via Pisanelli, Via Anticaglia und Via S. Apostoli sind die modernen Erbinnen des **decumanus superior** (G–H 2/3). Heute wird diese Straßenachse von Besuchern gern ein wenig vernachlässigt.

Zwischen der Via Anticaglia und der Via S. Apostoli findet sich unter der Adresse Vico Donnaregina, 25 (bei der gleichnamigen Piazza) ein unverfälschtes Bespiel gotischer Kirchenarchitektur aus der Zeit der Anjou. Die Kirche **Santa Maria Donnaregina Vecchia** wurde zu Beginn des 14. Jh. auf Wunsch von Maria von Ungarn, der Gemahlin von Karl II. erbaut, die dort auch begraben ist.

## Teatro di San Carlo (F 5)

s. S. 70

Eines der ältesten Theater in Europa: eingeweiht zum Namenstag von König Karl III. am 4. November 1737, abgebrannt 1816 und nach dem Wiederaufbau berühmt geworden mit Künstlern wie Donizetti, Bellini, Rossini, Verdi oder ... Caruso. Das San Carlo mit sei-

**Zerteilt Neapel: die Spaccanapoli**

## Führung zu erotischen Fundstücken

Das Museo Archeologico Nazionale (s. u.) verfügt über eine kleine, aber eindrucksvolle Sammlung von 250 erotischen Objekten. Dass es sie gibt, ist Guiseppe Garibaldi zu verdanken, der bei seinem ersten Besuch im Museum entsetzt darüber war, was die Bourbonen den klassischen Statuen angetan hatten. Als eine der ersten Amtshandlungen nahm er, zusammen mit Alexandre Dumas, den schönen Körpern die vorgehängten Feigenblätter wieder ab. Dann ließ er die der Bourbonendynastie so peinlichen Geschlechtsteile wieder aus dem Lager holen und dort anbringen, wo die Bourbonen sie abgeschlagen hatten. Das spanische Herrscherhaus hatte darüber hinaus verfügt, sämtliche erotische Fundstücke aus den versunkenen Städten wie Fresken, Graffitis, Skulpturen und Objekte in Phallusform in einem Geheimkabinett zu verriegeln. Führungen auf Italienisch und Englisch machen Besucher mit den geretteten Kostbarkeiten bekannt (ca. alle zwei Std. nach Anmeldung an der Kasse, ohne Aufpreis, s. auch Tour 4, S. 115).

nen 1470 Plätzen, einer perfekten Akustik, der Stuck- und Goldausstattung ist noch immer für seine Opern- und Konzertaufführungen international bekannt. Führungen – je nach Spielplan – können telefonisch oder im S. Carlo-Shop (Fr abends für die darauf folgende Woche, 5 €) gebucht werden.

### Via Toledo (F 3–5)

R1, R3, R4, 201: Carità

Die Flanier- und Einkaufsstraße oberhalb des Verwaltungs- und Bürodistrikts der Innenstadt und unterhalb der Quartieri Spagnoli ist nach dem spanischen Vizekönig Don Pedro de Toledo benannt, der sie mit den *quartieri* Mitte des 16. Jh. anlegen ließ. Seit Ende der 1990er Jahre ist sie Fußgängerzone.

## Museen

### Museo Archeologico Nazionale (F 1)

Piazza Museo, 35

Mi–Mo 9–19.30 Uhr

Eintritt 6,50 €

M1/2: Museo/Cavour

Für die klassische Antike eines der wichtigsten Museen weltweit. Hier wird die Erinnerung an Schulzeiten schnell wach, denn viele Objekte, Mosaiken und Fresken, die in Latein- oder Geschichtsbüchern abgebildet sind, stehen als Originale im Nazionale. Das Gebäude gehörte bis 1822 zur Universität und wurde Museum, als der Platz für die immer neuen Funde aus Herkulaneum und Pompeji (s. Tour 4, S. 114f.) in der Bourbonenresidenz von Portici nicht mehr ausreichte.

### Museo Civico di Castel Nuovo (G 5)

Piazza Municipio

Mo–Sa 9–19 Uhr

Eintritt 5 €, ermäßigt 4 €

R1–4, C25, C57: Municipio

Eines der kleineren und jüngeren Museen Neapels. 1990 eröffnet, ist es den Skulpturen und Gemälden aus der näheren Umgebung vorbehalten. Im ersten Stock sind religiöse Werke aus dem

15.–18. Jh., im zweiten thematische Ausstellungen zum 18.–20. Jh. zu sehen. Einen Blick wert sind die Bilder des neapolitanischen Veristen Toma und die Skulpturen von Gemito.

### Museo Civico di Filangieri (H 2)

Via Duomo, 288
Wegen Inventarisierung geschl., sonst Di–Sa 9.30–14, 15.30–19, So 9.30–13.30 Uhr
Eintritt 2,60 €
Centro antico
Porzellan, Münzen, Manuskripte, Möbel, Bücher, Kleidung und eine Waffensammlung, die ihren Teil zum düsteren Ambiente beiträgt, befinden sich in einem ›verrückten‹ Haus: Als im Jahr 1882 die Via Duomo verlängert wurde, war der Palazzo Como im Weg, wurde abgebaut und 20 m weiter neu errichtet …

### Museo Duca di Martina (C 5)

Villa Floridiana, Via Cimarosa, 77
Di–Sa 9–14, So 9–20 Uhr
Eintritt 2,50 €
Funicolare: Chiaia, Centrale, Montesanto
Ein Museum vor allem für Porzellan, Keramik und Emaillekunst in einem wunderschönen Garten mit Hanglage und bestem Blick auf den Golf.

**Highlight** 10

### Museo e Galleria Nazionali di Capodimonte (außerhalb, s. Einklinker)

Parco di Capodimonte, 2
Di–Sa 8.30–19.30 Uhr
Eintritt 7,50, ab 14 Uhr 6,50 €
110, 137: Porta Piccola, 24: Porta Grande

**Besichtigungszeit**

**Achtung:** Einlass ist bei den meisten neapolitanischen Museen bis ca. eine Stunde vor dem Ende der regulären Besichtigungszeit.

Wer in den Sälen 22 und 23 mit Gemälden von Michelangelo, Rembrandt und Raffael angekommen ist, hat erst ein Fünftel in einer der größten Pinakotheken der Welt gesehen. Das Museum mit über 100 Gemächern ließ sich der Bourbonenkönig Karl I. als Jagdschloss und Sommerresidenz erbauen. Hierher brachte er die riesige Kunstsammlung aus dem Haus Farnese, die er 1732 von seiner Mutter Elisabetta Farnese geerbt hatte und die heute im Piano Nobile, dem ersten Stockwerk, zu sehen ist.

Nach aufwändiger Renovierung und Neusystematisierung befinden sich Museum und Nationalgalerie mittlerweile auf Weltniveau: das berühmte Porzellanzimmer aus dem Rokoko sowie Möbel, Skulpturen, Teppiche und Accessoires vermitteln einen Eindruck vom Reichtum der damaligen Herrscher.

Im zweiten Stockwerk, auf mehr als 40 Säle verteilt, ist eine exzellente Gemäldesammlung mit viel Künstlerprominenz aus dem 14.–18. Jh. zu sehen, in der Abteilung moderner Kunst im dritten Stock Bilder, die extra für dieses Museum geschaffen wurden, u. a. von Burri, Kounellis, Merz und Warhol.

### Museo Nazionale di San Martino (E 4)

Largo San Martino, 5
Di–So 8.30–19.30 Uhr
Eintritt 6 € (inkl. Castel dell'Ovo)
Funicolare: Centrale, Montesanto

Das dritte Nationalmuseum in Neapel liegt auf dem Vomero und nimmt den Platz der gesamten Certosa von San Martino in Beschlag. Das ehemalige Kartäuserkloster wurde 2000 generalrenoviert wieder eröffnet und ist mit Klosterkirche, Kreuzgang, Gärten, seiner Inneneinrichtung und den mehr als 70 Sälen selbst museales Objekt.

In den ehemaligen Klosterräumen wird die Stadtgeschichte Neapels mit all ihren Aspekten – von der Königskutsche über Stadtpläne und Münzen bis zur neapolitanischen Weihnachtskrippe – präsentiert. Beeindruckend sind die Gemächer des Prioren, die Prunk und Privilegien eines Abtes darstellen.

Die einschiffige Klosterkirche von Fanzago ist ein Prachtexemplar barocker Sakralarchitektur mit äußerst überschwänglichem Dekor aus Stuck, Fresken und Mamor, was ihr auch den Ruf als »Pinakothek des 17. Jh.« eingebracht hat, denn die Kirche ist mit Werken von bekannten Barockmalern wie Ribera, Stanzione oder Corenzio ausgestattet. In der Cappella del Tesoro mit Fresken von Ribera ist auch das letzte Gemälde von Luca Giordano zu sehen: »Der Triumph der Judith« von 1704.

**Highlight** 11

Wohltuender Ausgleich zu den gewaltigen Formen und Farben des Barock sind Kreuzgang und Klostergarten des Museo Nazionale di San Martino. Vom **Belvedere der Certosa di San Martino** bieten sich herrliche Ausblicke auf die Stadt. Spazierwege führen zum Kräutergarten der Apotheke, in den Garten des Abtes und vorbei an alten Weinreben und Pergolen.

## Museo Palazzo Reale (F 5)

Piazza Plebiscito
Di–Sa 9–20 Uhr
Eintritt: 4 €
R2, R3, 24, C25: T. Trento

Das Museum mit seinen 30 Sälen und dem Appartamento Storico nimmt den Raum der früheren königlichen Gemächer ein, die größtenteils im Stil des 19. Jh. eingerichtet sind. Es finden sich aber auch ältere Möbel, Wandteppiche und Gegenstände aus der 400-jährigen Geschichte des Palastes. In den Nischen der Front stehen die Statuen der Stadtregenten – von Roger dem Normannen bis zu Vittorio Emanuele II.

## Museo Principe Aragona Pignatelli Cortes (C 6)

Riviera di Chiaia
Di–So 8.30–14 Uhr
Eintritt 2 €
M2: Amedeo, R3: Villa Comunale

Die neoklassizistische Villa aus dem frühen 19. Jh. beherbergt die Sammlung der Prinzessin Rosina Pignatelli. Das »Hausmuseum« ist komplett eingerichtet mit Skulpturen, Gemälden, Möbeln und wertvollem Porzellan. Der Pavillon im Park ist heute ein Kutschenmuseum.

## Musei della scienza (G 3)

Via Mezzocannone, 8
Mo–Fr 9–13.30, Mo auch 15–17, Sa/So 10–13 Uhr, Aug. geschl.
Eintritt je 0,70 €;
alle vier Museen für Familien 3 €
Centro antico

Die vier Häuserr sind eindrucksvolle Universitätsmuseen. Anthropologie, Mineralogie und Zoologie finden sich im Hauptgebäude der Federico II, das Museum für Paläontologie liegt am Largo San Marcellino, 10 (im Innenhof).

## Parks & Gärten

### Orto Botanico (außerhalb)

Via Foria, 223 (Beginn H 1)
Tel. 081 44 97 59, Besichtigung nach Anmeldung 9–13 Uhr
201: Carlo III.
Links vom Albergo dei Poveri liegt der Botanische Garten der Stadt. Joseph Bonaparte ließ ihn 1807 als »Königlichen Garten der Gewächse« anlegen, zu Forschungszwecken für Landwirtschaft und Handel.

### Parco di Capodimonte (außerhalb)

Via di Miano, 2
7.30 Uhr bis 1 Std. vor Sonnenuntergang, Ostermontag geschl.
160, 137: Porta Piccola,
24: Porta Grande
Eine 7 $km^2$ große Wohltat für die Lunge und Sauerstoffproduzent für die Stadt: Wiesen, Linden, Pinien, Kastanien, Zypressen, Eichen und Palmen. Neben dem Museo mit seinen Grünanlagen besteht der Park größtenteils aus dem Wald, seit 1734 zunächst als Jagdareal der Bourbonen kultiviert und nach dem Zweiten Weltkrieg der Öffentlichkeit zugänglich gemacht (s. Tour 2, S. 110).

### Villa Floridiana (C 4/5)

Via D. Cimarosa, 77
9 Uhr–1 Std. vor Sonnenuntergang, Weihnachten, Ostern, 15. Aug. 9 bis 14 Uhr; keine Hunde, keine Fahrräder
Funicolari: Centrale/Chiaia
Ein Park als Geschenk für seine nicht standesgemäße zweite Ehefrau – König Ferdinand war spendabel und verbrachte hier manch laue Sommernacht mit ihr. Die schön verschlungenen Wege führen zu einem herrlichen Ausblick über den Golf.

### Tanz der Tintenfische

Wer Aquarien mag, ist in der Stazione zoologica Acquario Anton Dohrn genau richtig. Als blicke Kapitän Nemo von der Nautilus ins Meer hinaus – so wirkt das älteste Aquarium Europas mit seinen 30 Bassins. Darin tummeln sich ca. 200 Fischarten und Meerespflanzen, alle aus dem artenreichen Golf von Neapel. Das Meer zwischen Capri und Ischia ist repräsentativ für Meeresflora und -fauna des gesamten Mittelmeers. Fast poetisch ist das Becken mit den Calamari – sie schweben wie bei einem Ballett durchs Wasser ... (Villa Communale, D 6, Tel. 08 15 83 32 63, Mai–Sept. Di–Sa 9–18, So 9.30–19.30, Okt.–April Di–So 9–17, So 9–14 Uhr, Eintritt 1,50 €, Kinder 1 €, M2: Amedeo, R 3, C 25: Vittoria

### Villa Comunale (C/D 6)

Riviera di Chiaia
7–21, im Sommer bis 24 Uhr
R3, C25: Vittoria
»Ohne Zweifel der schönste und vor allem der aristokratischste Spaziergang der Welt«, schrieb Alexandre Dumas 1835. Damals fand auch nur die Aristokratie Einlass in den heutigen Stadtpark, 1778 angelegt vom Bourbonenkönig Ferdinand IV. Schon Benedetto Croce, Paul Klee und Joseph Conrad ließen sich vom lang gestreckten früheren Königsgarten mit den verschiedenen Palmenarten, Eukalyptusbäumen, Pinien, Statuen und Brunnen beeindrucken. Der Stadtpark wurde 1999 saniert.

# Pompeji

Casa del Fauno: Luxuspalast auf 3000 m²

## In Asche konserviert

Über 800 Jahre hatte der Vulkan geschwiegen. Für die Pompejer war er der Berg des guten Weins. Sie waren stolz auf die fruchtbaren Ackerböden vor der Stadt, denen sie ihren Wohlstand verdankten. Niemand fürchtete ›Jupiter Vesuvius‹, auch nicht als das schwere Erdbeben von 62 n. Chr. Pompeji erheblich zerstörte und die Stadt über Jahre hinweg in eine Baustelle verwandelte. Als der Vesuv am 24. August 79 Pompeji unter Asche, Bimssteinen und Lapilli begrub, war der Wiederaufbau noch nicht abgeschlossen.

Seit der Stadtgründung im 6. Jh. v. Chr. lebten an der Flussmündung des Sarno verschiedene ethnische Gruppen. Griechen, Etrusker und italische Samniten, die bis zur römischen Kolonisierung im späten 1. Jh. v. Chr. die politische und kulturelle Vormachtstellung innehatten, prägten das Leben und die Architektur der Stadt.

Nach der Katastrophe von 79 versuchten die Überlebenden, Reste ihrer Habe zu bergen. Kein ›Rettungsprogramm‹ konnte jedoch verhindern, dass die Stadt ab 82 in Vergessenheit geriet. 1748 begannen die Bourbonen mit den Ausgrabungen. Die unsystematische Arbeit diente zunächst dem Prestige des Herrscherhauses, und die spektakulären Funde waren in den Adelssalons das Gesprächsthema Nummer eins. Etwa ein Drittel der Stadt liegt noch heute unter der Erde.

Die Soprintendenza archeologica von Pompeji kümmert sich um neue Ausgrabungen, leitet Restaurierungen, experimentelle Forschungen und verbessert den Besucherservice. Einige Sehenswürdigkeiten sind zurzeit wegen Renovierung geschlossen oder sollen aus diesem Grunde bald geschlossen, andere wieder geöffnet werden. Genauere Termine dazu kann die Soprintendenza nicht angeben, sodass hier nur darauf hingewiesen werden kann – verbunden mit dem Tipp, dass man in manche der geschlossenen Häuser auch von außen hineinschauen kann.

## Die Häuser

Sie waren der Hauptspielplatz des täglichen Lebens und zugleich Zeichen des Wohlstands. Über das Atrium bezogen die Häuser Luft, Licht und Regenwasser. Drum herum gruppierten sich Schlafzimmer und Repräsentationsräume. Ab dem 2. Jh. v. Chr. verlagerte sich der Mittelpunkt des Hauses vom Atrium zum Peristyl, dem Säulengang mit Garten. Nicht selten befand sich dort auch der große Speisesaal, das Triclinum.

### Casa degli amorini dorati

Die vergoldeten Amoretten, die dem Haus seinen Namen gaben, hängen heute im Museo Nazionale, früher zierten sie vermutlich das Schlafzimmer der äußerst wohlhabenden Besitzer aus der Familie der Poppea.

### Casa dei Ceii

In den letzten Jahren des pompejischen Lebens waren aufwändige Jagd- und Landschaftsmalereien äußerst beliebt. Im Haus der Ceier vergrößern sie den kleinen Garten optisch und verleihen dem einfachen Haus etwas vom Glanz einer Patriziervilla. Die Darstellungen weit entfernter exotischer Länder bildeten eine fantastische Kontrastwelt zum Alltag in der Stadt.

### Casa dei Dioscuri

Einer Darstellung von Kastor und Pollux im Eingangsbereich verdankt das Haus den Namen. Es ist eines der wenigen, in denen Säulen das Regenwasserbecken des Atriums umgeben, was auch als korinthisches Atrium bezeichnet wird.

### Casa dei Vetti

Wegen Renovierung zurzeit geschl. Priapos, der Gott der Fruchtbarkeit, hütet den Eingang des Hauses von Aulus Vettius Conviva und Aulus Vettius Restitutus und schützt Bewohner und Gäste vor dem bösen Blick. Zusammen mit dem Lamm auf dem benachbarten Fresko symbolisiert er Reichtum und Wohlstand der Besitzer. Im Gegensatz zu den Wandmalereien im Atrium und zum Peristyl hin sind die erotischen Darstellungen im Priapos-Zimmer neben der Küche Beispiele für pompejische Popkultur.

### Casa del Fauno

Mit seinen 3000 $m^2$ ist das Haus des Fauns das größte in Pompeji: ein ›Luxuspalast‹ mit zwei Atrien und Peristylen, der architektonisch mit hellenistischen und römisch-aristokratischen Vorbildern mithalten konnte. Der linke Eingang führt zu den aufwändigen Repräsentationsräumen; auf der rechten Seite liegen die privaten Gemächer mit eigenem Bäderkomplex. Dahinter

## Kleiner Knigge für Pompeji

Fast 3 Mio. Menschen besichtigen jährlich die konservierte Katastrophe, und fast alle sind schon nach wenigen Metern beeindruckt: »Das ist ja eine komplette Stadt!« Vier bis fünf Stunden sollten Sie für einen Besuch einplanen – es werden auch leicht sechs. Pompeji ist nichts für Stöckelschuhe; geeignet sind feste, bequeme Schuhe. Der Boden ist staubig und holprig. Sie gehen auf Steinquadern, die 2000 Jahre Geschichte hinter sich haben – und bestenfalls für Cross-Kinderwagen befahrbar sind. Auf dem Gelände gibt es nur ein Selbstbedienungsrestaurant im Thermenkomplex am Forum. Es ist günstiger, Verpflegung selbst mitzubringen. Vorsicht vor den Verkaufsständen; Pizza und Getränke gibt es dort meist nur zum überhöhten Preis! An den Eingängen sind detaillierte Lagepläne der Ausgrabungen (mit ausgewiesenen Picknickzonen) und sehr informative Audioguides erhältlich. In diesen ausdrucksstarken Beschreibungen wird die Stadt wieder lebendig (Audioguide auf Deutsch, Extra-Version für Kinder, Staffelpreise: ein Gerät für 6 €, jedes weitere kostet weniger, nur gegen Vorlage eines Ausweises).

schließen sich die Gärten mit Peristylen an, ein luxuriöser Blickfang. Die zahlreichen Bodenmosaike sind heute im Museo Nazionale (s. Tour 4, S. 114f.) ausgestellt, darunter auch die berühmte »Alexanderschlacht«, die genau zwischen den beiden Gärten platziert war.

## Casa della caccia antica

Die Wandmalereien stammen aus der zweiten Hälfte des 1. Jh. n. Chr. Das Haus selbst ist ca. 200 Jahre älter. Gut erhalten sind die Fresken im Tablinum: *amorini* auf der Jagd in Nil-Landschaften. Im Speisesaal macht Zeus als Schwan getarnt der schönen Leda Avancen.

## Casa della fontana piccola

Die Landschaftsfresken und der Springbrunnen, der den Luxus der großen Villen außerhalb der Stadt imitierte, werden z. Zt. restauriert. Ein ähnlicher Brunnen steht im Nachbarhaus Casa della fontana grande und ist von außen gut erkennbar.

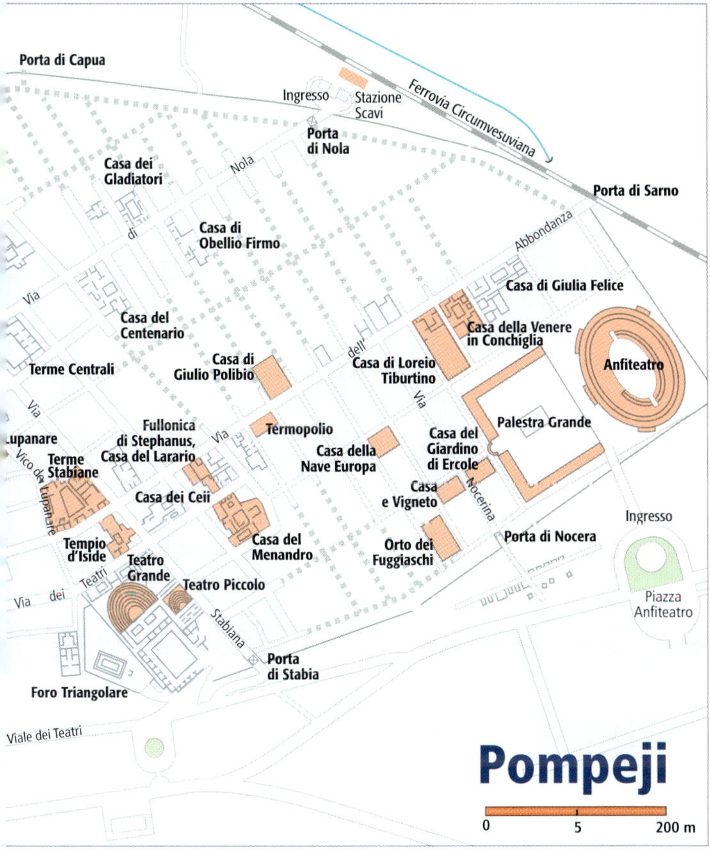


## Casa della Venere in conchiglia

Das Fresko der Venus in der Muschel (Rekonstruktion) zieht sofort alle Blicke an. Es dominiert das Peristyl mit Garten, den Mittelpunkt des Hauses, der bereits vom Eingang aus zu sehen ist. Mars und trinkende Turteltauben leisten der Göttin Gesellschaft.

## Casa del Menandro

Besichtigung nur Sa, So 14–16 Uhr, nach Anmeldung an der Kasse

Die Villa in erstklassiger Wohnlage zählt zu den größten Pompejis (1800 m²) und ist typisch für ein Haus der Führungsschicht. Das Anwesen war im Besitz der Poppaei, Verwandten der Poppea, Neros zweiter Frau. Zahlreiche Um- und Anbauten erweiterten den Grundriss aus dem 3. Jh. v. Chr. zu Lasten der umliegenden Häuser. In einer Nische am Ende des Peristyls ist der griechische Komödienschreiber Menander dargestellt, der dem Haus seinen Namen gab.

## Kleines Architekturglossar

**Atrium:** offener Innenhof der Stadthäuser; über das Atrium bezogen sie Licht und Regenwasser
**Cubiculum:** Schlaf- und Ruhezimmer, meist ans Atrium angrenzend
**Impluvium:** ebenerdiges Becken im Atrium oder auch Peristyl, um das Regenwasser zu sammeln
**Lararium:** Hausaltar
**Peristyl:** Säulenhalle oder -gang um einen begrünten Innenhof oder Garten; ab dem 2. Jh. v. Chr. verlagerte sich der Mittelpunkt des Hauses vom Atrium ins Peristyl
**Tablinum:** repräsentativer Raum des Hausherrn, vergleichbar mit einem Büro oder Empfangszimmer
**Triclinium:** Speisesaal für Gäste, der häufig ans Peristyl grenzte; Festessen fanden auch im Freien statt, im Sommer-Triclinium

### Casa del Poeta tragico

Cave Canem! Das Mosaik vom »Bissigen Hund« (Original im Museo Nazionale) machte das Haus berühmt. Vielleicht wählte Bulwer Lytton es deswegen als Schauplatz für seinen Roman »Die letzten Tage von Pompeji«. Warnungen vor dem Hund waren in den Hauseingängen keine Seltenheit.

### Casa di Giulio Polibio

Zur Luxuskategorie gehörte das Haus des Anwärters auf das höchste politische Amt der Stadt. Der Hausherr verfügte über ausreichend finanzielle Mittel, um sich alle Annehmlichkeiten der pompejischen Wohnkultur zu gönnen. Den Speisesaal schmückte ein Wandgemälde, das die tragische Geschichte der Dirke wie ein Comic in zwei aufeinander folgenden Szenen erzählt, zuerst ihre Gefangennahme, dann ihre Fesselung an den Stier. Die Söhne Antiopes bestraften Dirke, weil diese ihre Mutter misshandelt hatte.

### Casa di Sallustio

A. Cossius Libanus hieß der Besitzer dieses Hauses, das eines der ältesten von Pompeji ist. Trotz späterer Umbauten blieb die typische Struktur des Atriumhauses aus dem 3. Jh. v. Chr. erhalten: Atrium und Tablinum liegen auf einer Achse. Im ummauerten Garten mit Triclinum – für die Mahlzeiten im Freien – sind noch Wanddekorationen erhalten. Der Hausherr verdingte sich möglicherweise als Gastwirt. Ladenräume, ein Thermopolium und die Bäckerei mit Mühlsteinen und Steinbackofen gehören zum Haus.

### Lupanare

Soll zur Renovierung geschl. werden.
Das Lupanar war das größte der ca. 25 pompejischen Bordelle. Im Parterre und im ersten Stock gibt es je fünf schlichte Zimmer, nur mit gemauertem Bett und Matratze ausgestattet. Einfache erotische Fresken zieren die Wände. Die Prostituierten (lat. *lupa)* waren Sklavinnen aus Griechenland oder dem Orient.

### Villa dei misteri

Wohnbereich und landwirtschaftliche Nutzräume sind in der Mysterienvilla durch das Peristyl miteinander verbunden. Im 2. Jh. v. Chr. kam es innerhalb der höheren Schicht der Stadt in Mode, die Landhäuser auch als Sommer- und Ferienresidenzen zu nutzen oder auszubauen, wobei an Luxus nicht gespart wurde. Die Villa gehörte wahrscheinlich der Familie der Istacidii, die sie mit Meerblick-Terrasse, Thermen und aufwändigen Wandmalereien ausstatten ließ. Ein fast lebensgroßes Fresko (Megalographia) bedeckt die Wände im Triclinum, das den Einweihungsritus eines Mädchens in einen geheimnisvollen – vermutlich dionysischen Kult – darstellt. Eine rekonstruierte Weinpresse steht im Kelter-Zimmer.

## Öffentliche Gebäude & Tempel

### Anfiteatro

Um 70 v. Chr. erbaut, ist es das älteste erhaltene römische Amphitheater. Auf den 20 000 Plätzen (Pompeji hatte nur 15 000 Einwohner) versammelten sich auch Zuschauer aus den umliegenden Ortschaften zu den Gladiatorenkämpfen. 59 n. Chr. zettelten die Pompejer eine blutige Schlägerei gegen die Einwohner von Nocera an, da Nocera sich pompejisches Land angeeignet hatte. Drei Jahre lang gab es anschließend keine Spiele. Neben dem Amphitheater liegt der städtische Sportplatz, die Palestra.

### Das Forum

Der wichtigste Platz in Pompeji war für Fahrzeuge gesperrt. Nur Fußgänger hatten Zutritt zum Zentrum des städtischen Lebens mit den umliegenden religiösen, Verwaltungs- und Wirtschaftsgebäuden. Die Anlage des Platzes geht auf das 2. Jh. v. Chr. zurück.

Der **Vespasian-Tempel** und das benachbarte **Laren-Heiligtum** waren dem Kaiserkult geweiht. Im Nordosten erstreckt sich das **Macellum,** der zentrale Markt für Fleisch und Fisch. Viele hier gefundene Gräten und Schuppen lassen annehmen, dass die runde Holzkonstruktion in der Mitte dem Fischverkauf vorbehalten war.

An der nordwestlichen Ecke des Forums liegt das **Forum Holitorium,** der ehemalige Gemüsemarkt (heute Lager für Fundstücke), an den sich die öffentlichen Latrinen anschlossen. Der Tempel zwischen den beiden Märkten war dem Jupiter geweiht. Mit der Kolonialisierung der Stadt wurde er in das so genannte **Capitolinum** verwandelt, zu Ehren der römischen Göttertrias Jupiter, Juno und Minerva. Das Erdbeben 62 n. Chr. zerstörte ihn so schwer, dass er nicht wieder aufgebaut wurde. Statuen von Ehrenbürgern zierten das Forum und verliehen ihm zusammen mit dem umliegenden Säulengang einen imposanten Ausdruck.

### Nekropolen

Wie in allen römischen Städten reihten sich die Gräber entlang der viel benutzten Ausfallstraßen hinter den Stadttoren aneinander. Sie lenkten die Aufmerksamkeit der Passanten auf sich und hielten so die Erinnerung an die Verstorbenen wach. Die Gräberstraße hinter der Porta Ercolano und besonders die Nekropole der Porta Nocera setzen sich aus unterschiedlichen Grabtypen zusammen, darunter auch Monumentalgräber. Mit dem Grab sollte der soziale Status der Verstorbenen bewahrt werden.

### Isis-Tempel

Er scheint der Lieblingstempel der Pompejer gewesen zu sein. Nach dem Erdbeben bauten sie ihn sofort und in größerem Ausmaß wieder auf. Der Kult der Isis entstand im 3. Jh. v. Chr. in Ägypten unter Ptolemäus I., dem General Alexanders des Großen, der am Nil als

Pharao Karriere machte. Hellenistische und ägyptische Elemente vereinten sich in diesem Kult, der sich durch Händler und Seeleute schnell in Kampanien verbreitete. Die ägyptische All- und Himmelsgöttin beherrschte das Schicksal und stellte ein besseres Leben in Aussicht (s. Tour 4, S. 114f.).

## Das Theaterviertel

Das kulturelle Zentrum der Stadt bildete den Kontrapunkt zum vorrangig politischen und wirtschaftlichen Forum. Im 2. Jh. v. Chr. in der Nähe des alten ›dorischen Tempels‹ entstanden, schloss es auch den Isis-Tempel und den Tempel des Asclepio mit ein.

Das **Teatro Grande** mit seinem halbrunden, griechischen Grundriss nutzte die natürlichen Gegebenheiten der Landschaft. Die Stufen erstrecken sich den Hang zum **Foro Triangolare** hinauf. Etwa 5000 Besucher kamen in den Genuss der Tragödien und Komödien. Die ersten Reihen waren für Ehrengäste reserviert. Hinter dem ehemals mit Skulpturen verzierten Bühnengebäude schließt sich der große Theaterportikus an. Er diente als Foyer, zum Spaziergang in Pausen und zum Genuss von Erfrischungen.

Das **Teatro Piccolo** (Odeion) entstand in den ersten Jahren der Kolonie, war aber bereits 100 Jahre früher Teil der städtebaulichen Planung. Dank der kleineren Dimensionen und der Überdachung eignete es sich besonders für Konzerte und Lesungen in Latein – die Aufführungen im großen Theater fanden wohl in samnitischer Sprache statt.

**Anfiteatro: 20 000 Zuschauer konnten hier die Spiele bejubeln**

## Thermen

### Terme del Foro

Im Aufbau mit den Terme Stabiane (s. u.) vergleichbar und aus öffentlichen Geldern finanziert, entstanden sie ab 80 v. Chr. Das Warmbad wurde nicht wie die übrigen Räume mit Heißluft, sondern mit einem großen Kohleofen beheizt. Vorzugsweise badete hier die römische Bevölkerung. Samnitische Familien blieben bei ihren altvertrauten Terme Stabiane.

### Terme Stabiane

Sie sind die ältesten der Stadt. Männer und Frauen badeten in verschiedenen Abteilungen. Zu besichtigen sind nur die Männerbäder, die in der typischen Reihenfolge Umkleideraum, Kaltbad, Warmbad, Heißbad – um einen ›Sportplatz‹ *(palestra)* mit Schwimmbecken angeordnet sind. Das Heizungssystem leitete Heißluft von den Öfen durch Hohlräume in Fußböden und Wände und sorgte so für eine angenehme Raumtemperatur. Der Ansturm auf die öffentlichen Thermen, die kaum Eintritt kosteten, war groß, da nur reiche Bürger sich eigene Bäder leisten konnten.

12 **Highlight**

### Terme Suburbane

Besichtigung halbstdl. zwischen 10 und 14 Uhr nach Voranmeldung an der Kasse (kein Aufpreis)

Die im Winter 2002 eröffnete luxuriöse Thermenanlage am Eingang der Ausgrabungen könnte mit den erotischen Fresken im Umkleideraum – darunter die einzige überlieferte Darstellung lesbischer Liebe aus römischer Zeit – zum neuen Publikumsmagneten werden. Im Obergeschoss des gut erhaltenen Thermenkomplexes aus augustinischer Zeit boten vermutlich Prostituierte ihre Dienste an.

## Streifzug durch den pompejischen Alltag

Die Via dell'Abbondanza war eine der Hauptadern des städtischen Lebens mit unzähligen Läden, Handwerksbetrieben und Thermopolien (antike Bars). Die landwirtschaftliche Nutzung der fruchtbaren Böden und der Handel mit den Agrarprodukten bildeten die Grundlage des Wohlstands. Der Wein von den Hängen des Vesuv stand auf der Liste der Exportgüter ganz oben.

Da die Pompejer die Kunst der Purpur-Gewinnung von den Phöniziern erlernt hatten, florierte auch das Gewerbe der Färber und Wäscher. Die *fullonica* (Wäscherei) des Stephanus nutzte die Räume eines ehemaligen Wohnhauses, das der Besitzer um den rechten Teil der Casa del larario di Achille erweitert und zum Fachbetrieb umfunktioniert hatte. Das Impluvium (Regenwasserbecken) im Atrium diente als Wanne für Feinwäsche, daneben stehen noch die Reste einer Bügelpresse. Am Ende des Gebäudes stampften die *fullones* in den ovalen Wannen die Wäsche in einer entfettenden Mischung aus Wasser und Soda oder Urin – Seife gab es noch nicht. Zum Spülgang kamen Kleidung und Stoffe in drei übereinander gestufte Becken.

207 Handwerksbetriebe der Stadt sind bisher bekannt, darunter Bäcker, Woll- und Lederwerkstätten, Töpfer und Schmiede. Das Mittagessen nahmen die Pompejer gewöhnlich in einem der zahlreichen Thermopolien ein. Die meisten aßen im Stehen an der Theke, in die Tongefäße mit warmen Getränken und Speisen eingelassen waren. Sitzgelegenheiten gab es nur gelegentlich in einem Nebenraum. Der Besitzer des Thermopoliums, Vetutius Placidus, erweiterte den Hausaltar passenderweise um Merkur und Dionysos, den Gott des Handels und den des Weines. Unverzichtbar war auch der Beistand der Schlange Agatodemone, denn sie versprach Fruchtbarkeit und Wachstum.

Der Wohlstand war in Pompeji relativ gleichmäßig verteilt. Als im 1. Jh. die Freude an Wandmalereien fast zur Manie wurde und die Wohlhabenden ihre Häuser bis auf den letzten Flecken auspinseln ließen, zierten einfachere Gemälde die Läden, Werkstätten und Wohnräume der Mittelschicht. Selbst die Wände der schlichtesten Häuser blieben nicht kahl.

Die gesamte Stadtbevölkerung kaufte ihr Brot beim Bäcker. Nur die Bewohner der großen Gutshöfe auf dem Land haben selbst gebacken. Unerlässlich waren in der Bäckerei des Sotericus die üblichen, von Eseln angetriebenen Kornmühlen aus Lavastein und ein großer Steinbackofen, wie er heute noch fast unverändert in den Pizzererien von Neapel steht.

Während die Mittelschicht die Vorbilder für Wandmalereien in den Stadthäusern der Führungsschicht suchte, fand diese ihr Wohnideal in den luxuriösen Villen auf dem Land. Octavius Quartius, der eigentliche Besitzer der Casa di Loreiro Tiburtino, ließ sein Haus nach dem Erdbeben von 62 n. Chr. grundlegend umgestalten: ein großer Garten mit Wasserspielen, künstlichen Grotten und Speiseplätzen im Freien wurde angelegt. Einen Raum widmete er dem Isis-Kult.

Im Bereich westlich der Palästra standen sehr einfache Häuser mit großen Nutzgärten. In der Casa del giardino di Ercole wurde die antike Bepflanzung mit Rosen, Myrthen und Olivenbäumen rekonstruiert. Der Besitzer dieses Hauses war Parfumeur, der auch Olivenöl produzierte, das er als Träger- und Konservierungsmittel für die Duftstoffe benötigte. Die Experimentierwerkstatt von Pompeji stellt heute die antiken Duftöle und -essenzen wieder her und bietet sie zum Verkauf an. Auf dem Gelände der Casa e vigneto wurden in Zusammenarbeit mit dem renommierten kampanischen Weingut Mastroberardino die ersten Weintrauben nach der Katastrophe geerntet und gekeltert – getreu antiker Techniken.

Auch in der Casa della nave Europa bauten die Besitzer Wein und Obst an.

Das Dach des Hauses ist originalgetreu rekonstruiert und veranschaulicht die antike Bauweise. Das Graffito eines Lastschiffs mit der Aufschrift »Europa« gab dem Haus seinen Namen. Noch weniger wohlriechend als die Weinproduktion war die Herstellung von Garum. Die bevorzugte Würzsoße gewannen die Pompejer aus in der Sonne fermentierten Fischinnereien, -eiern und winzigen Fischen.

**Eingang:** Porta Marina oder Piazza Anfiteatro
**Eintritt/Öffnungszeiten:**
Tageskarte 10 €, Dreitageskarte 18 €, inkl. Herkulaneum, Oplontis, Stabia, Boscoreale (jede Ausgrabung darf nur 1x besichtigt werden)
April–Okt. 8.30–19.30, Kassenschluss 18.30 Uhr, Nov.–März. 8.30–17, Kassenschluss 15.30 Uhr
**Info-Büro der Soprintendenza in Pompeji** (Eingang Via Marina):
Tel. 08 18 57 53 47
www.pompeiisites.org
Auskunft zu Pompeji, Herkulaneum, Oplontis, Boscoreale und Stabia.
**Touristeninformation Pompeji:**
s. S. 18

**Hostaria del Gallo Nero**
Viale Mazzini, 116,
im modernen Pompeji,
östlich vom Sanktuarium
Tel. 08 18 63 00 34
Do–Di 12.30–15.30, 19.30–23 Uhr
Pizza ab 5 €
Was ist passender nach dem Besuch der Ausgrabungen als eine Pizza Vesuvio mit Mozzarella, Ricotta, Tomaten und Salami?

**Il Principe**
Piazza Bartolo Longo, 8,
im modernen Pompeji,
direkt beim Sanktuarium
Tel. 08 18 50 55 66
April–Juni, Sept., Okt. tgl 12–15, 20–23.30 Uhr, sonst Mo geschl.
Menü ab 35 €
Erstklassige kulinarische Genüsse vom Mittelmeer oder aus dem römischen Pompeji und Oplontis! Die antiken Gerichte beruhen auf überlieferten Rezepten mit kleinen Zugeständnissen an den heutigen Geschmack.

**Circumvesuviana** ab Neapel-Hbf, Piazza Garibaldi (Tiefbahnhof): Linie Napoli–Sorrento bis Pompeji Scavi/Villa dei Misteri, Züge alle 30 Min. (Faustregel: 9 Min. nach jeder vollen und jeder halben Stunde),
Info-Tel. 08 17 72 24 44
**Bus:** vom Flughafen Capodichino nach Pompeji und zurück 3x tgl.,
Info-Tel. 08 17 72 24 74
**Autobahn:** A3 Neapel–Salerno, Abfahrt Pompeji Scavi

## Pompeji bei Nacht

Wer Pompeji bei Nacht erleben möchte, ist bei der etwa 45 Min. dauernden Führung der Soprintendenza richtig. Nach Sonnenuntergang rückt sich Pompeji ins Scheinwerferlicht und der Bereich ums Forum wird zum multimedialen Erzählschauplatz. Musik von Ennio Morricone, Videoprojektionen und Lichteffekte begleiten den magischen Spaziergang durch die Stadtgeschichte. Rundgänge in italienischer oder englischer Sprache je nach Saison ab etwa 20/21 Uhr (Info-Büro s. u., Tel. 899 11 11 78, 0,80 €/Min., www.arethusa.net, Anmeldung erforderlich, 24 €).

# Ausflüge

Die Piazzetta in Capri

## Capri

In Neapel zu sein, und Capri nicht zu betreten oder die Blaue Grotte nicht zu besuchen – das geht eigentlich nicht. Die Insel der Reichen und Schönen ist auch selbst reich und schön: Reich seit den touristischen Anfängen und schön seit jeher. Deswegen siedelten die Griechen hier auch schon Jahrhunderte vor der christlichen Zeitrechnung. Außerdem war Capri einst politisches Zentrum der Welt – dafür zumindest hielt Kaiser Tiberius sein Römisches Reich, das er von dort regierte. Die Geschichte und Geschichten der Insel ergeben zusammen mit dem mondänen Flair die besondere Atmosphäre Capris.

Verschiedene Villen etwa erzählen von verschiedenen Zeiten: Die **Villa Jovis** (9 Uhr–1 Std. vor Sonnenuntergang, 2 €) ist die am besten erhaltene Residenz des Tiberius, weitere Villen zeugen von ehemaliger Künstlerpräsenz, und die berühmte **Villa San Michele** (je nach Jahreszeit tgl. ca. 9 bis 18 Uhr, 5 €) des Schweden Axel Munthe erreicht man nach 881 Stufen. Sie waren früher die einzige Verbindung zwischen Marina Grande und Anacapri.

Eine Fahrt mit der Seilbahn auf den 589 m hohen **Monte Solaro** beschert einen Rundblick über die Natur, die so sehr schroff wirkt, aber auch ihre sanften Seiten hat. Und die lassen sich beim Wandern abseits der Hauptorte Capri und Anacapri erfahren.

Für den Ausflug sollte man einen ganzen Tag einkalkulieren.

**Schiffsverbindungen:** ca. stdl. von Beverello und Mergellina; Fahrpläne in den Tageszeitungen »La Repubblica« oder »Il Mattino«. Die Überfahrt mit dem Tragflächenboot dauert ca. 45 Min., die Fähre erreicht Capri in etwa 70 Min.

## Solfatara & Pozzuoli

Es geht mitten hinein in die »brennenden Felder«, eine geologische Besonderheit westlich von Neapel. Die **Campi Flegrei** (griech. *phlegraios,* brennend) sind von einem oberflächlichen Vulkanismus geprägt und die Erdplatten heben, senken und verschieben sich immer noch. Deswegen musste zuletzt 1983 die Bevölkerung der alten *rione terra* von Pozzuoli evakuiert werden.

Inzwischen ist die Altstadt saniert, und in **Pozzuoli** überhaupt viel renoviert worden, denn auch dieser Ort entdeckt langsam sein touristisches Grundkapital. Sehenswert ist hier neben anderen antiken Spuren vor allem das **Amphitheater,** das zu den größten seiner Art gehört. Zur gleichen Zeit erbaut wie das römische Kolosseum bot es 45 000 Menschen Platz. Hier wurde übrigens der spätere Stadtheilige Neapels, San Gennaro, geköpft (Via Terracina, 75, Mi–Mo 9–1 Std. vor Sonnenuntergang, 4 €).

Den Hinweisschildern zur **Solfatara** folgend geht's zum Eingang in die Unterwelt: Als würden in dieser offenen Kratersenke die Mythen der Gegend verheizt, so stinkt, raucht und blubbert es in diesem offenen Schlammvulkan, dem man sofort glaubt, dass hier unterirdisch noch einiges am Köcheln ist (Via Solfatara, tgl. 9 Uhr–1 Std. vor Sonnenuntergang, 5 €).

**Metro** oder **Cumana** bis Pozzuoli, das ca. 20 km westlich von Neapel liegt. Die Anfahrt dauert etwa 45 Min. Zur Anreise empfiehlt sich die Metro, da der Bahnhof ca. 15 Fußmin. vom Solfatara-Vulkan entfernt liegt. Der Bahnhof der Cumana liegt im Ortszentrum in Altstadt- und Hafennähe.

## Vesuv & Herculaneum

Er schläft nur. Niemand weiß, wie lange noch: Manchmal scheint der **Vesuv** zu schnarchen und bald aufzuwachen, wie bei einigen leichten Erdbeben 1999 vermutet wurde. Doch er ist der am besten kontrollierte Schläfer unter den Vulkanen und wenn er aufwacht, so sagen die Wissenschaftler, werden sie es rechtzeitig vorher wissen. Scheint also ganz ungefährlich zu sein, den Vesuv nicht nur aus der Ferne zu sehen, sondern ihn aus der Nähe zu fühlen, unter den eigenen Füßen.

Vor dem Bahnhof der Circumvesuviana in Ercolano warten entweder schon Taxibusse auf potenzielle Besucher oder diese warten auf einen der Busse, die etwa alle 40 Min. bis zum Parkplatz auf dem Vulkan fahren (Busse 9–15 Uhr, letzter vom Vesuv gegen 17, im Winter gegen 13 Uhr, Fahrplanauskunft: Ufficio Turistico, Via IV. Novembre, 82, Tel. 08 17 88 12 43). Schon auf dem Weg zum Vesuv sieht man Spuren bisheriger Ausbrüche. Der Aufstieg dauert etwa 45 Min. (Eintritt zum Kraterbereich 6 €), führt nicht ganz um den Krater herum – das wäre zu gefährlich – und gewährt schließlich einen Einblick über einen Teil des Kraterrandes in das steinige Innere der schlafenden Majestät. Die beste Zeit dafür bietet sich an klaren Frühlings- oder Herbsttagen. Persönliche Exkursionen können beim Parco Nazionale del Vesuvio (Tel. 08 17 81 71 11, www.guidevesuvio.it, www.parcovesuvio.it) erfragt werden.

Die Ausgrabungen von **Herculaneum** (Ercolano) befinden sich am Ende des Corso Resina, der am Bahnhof beginnt und Richtung Meer führt. Anders als in Pompeji blieben in dieser wesentlich kleineren antiken Stadt mit ihren 4000 bis 5000 Einwohnern viele Holzmöbel, Dachstühle und z. T. auch die Obergeschosse erhalten (Anfahrt, Öffnungszeiten, Eintritt und Info-Adresse wie in Pompeji, s. S. 103)

Ein Besuch der Ausgrabungen nimmt ca. 2–3 Std. in Anspruch, der Ausflug zum Vesuv-Krater inkl. Busfahrt zum Parkplatz unterhalb 3–4 Std. Es ist also möglich, Ausgrabungen und Vulkan an einem Tag zu kombinieren.

**Circumvesuviana:** Linie Napoli–Sorrento bis Ercolano (Scavi). Ercolano liegt etwa auf halber Strecke zwischen Neapel und Pompeji. Anfahrt mit der **Vesuviana**, ca. 20–30 Min.

# Extra-

Fünf Spaziergänge durch Napoli
1. Napoli – Underground, die Stadt unter der Stadt
2. Der Wald von Capodimonte –
   Vom königlichen Jagdrevier zum Stadtpark

**Alle Touren sind auf dem großen Faltplan eingezeichnet**

# Touren

3. Napoli und die Musik
4. Auf den Spuren Pompejis durchs Museo Archeologico Nazionale
5. Die süße Kunst –
   Kaffeesorten und Konditoreien

# Tour 1

Platzangst darf man in Neapels Untergrund nicht haben

## Napoli – Underground (G 1/2, nördlich G 1)

### Die Stadt unter der Stadt

Viele Städte sind stolz auf ihren Underground und meinen damit die Subkultur: die Szene abseits vom Mainstream, die Kulturschaffenden, die im Verborgenen arbeiten und das vorbereiten, was Jahre später vielleicht trendy sein wird. Der Underground Neapels ist doppelt vorhanden – in seiner symbolisch subkulturellen Bedeutung und als tatsächliches Fundament der Stadt. Neapel steht seit mehr als 2000 Jahren auf einem System aus Grotten und Gängen, das aus zwei Gründen geschaffen wurde. Einerseits fand sich hier ein geeignetes Baumaterial – aus dem unterirdischen Tuffstein entstanden überirdische Wohnhäuser. Andererseits wurde gegraben, um ein Zisternensystem zur Wasserversorgung der Stadt anzulegen, und beides ergänzte sich im Laufe der Stadtgeschichte.

### Unterirdische Wasserversorgung

Unterhalb von Neapel gibt es drei solcher Aquädukte: Das erste stammt aus der griechischen Zeit und verteilte das mittels eines unterirdischen Stollens schon bis an die Stadtmauern geleitete Wasser von dort in unzähligen weiteren kleinen Ableitungen bis zu den Zisternen der jeweiligen Wohnbereiche. Das zweite System stammt aus der Zeit des römischen Kaisers Augustus. Es brachte das Wasser aus der Gegend von Avellino zum heutigen Viertel Montesanto und von dort mit einem Drucksystem durch Bleileitungen in die Stadt. Das dritte und jüngste Aquädukt wurde 1629 fertig gestellt. Es leitete Wasser aus dem Fluß Faenza von Sant' Agata dei Goti zunächst über, dann unter der Erde bis nach Neapel.

### Natürliche Bunker

Bis 1885 kam das Wasser für Neapel aus diesen drei alten Einrichtungen, dann übernahmen ›moderne‹ Rohrleitungen die Versorgung. Die unterirdischen Aquädukte gerieten in Vergessenheit und wurden erst im Zweiten Weltkrieg wieder entdeckt und als Schutzräume gegen die Luftangriffe genutzt.

Vor einigen Jahren hat der Kulturverein Napoli Sotteranea einen Teil des ältesten Aquädukts gesäubert und für Interessierte zugänglich gemacht. Der **Eingang** liegt links neben der Kirche **San Paolo Maggiore** (G 2) an der Via dei Tribunali. Die Besichtigung der Höhlen, Gänge und Wasserreservoirs ist nicht unbedingt etwas für klaustrophobisch veranlagte Menschen: Zunächst geht es über ca. 150 Treppen 35 m in die Tiefe und dann abwechselnd durch enge Gänge und an früheren Wasserbecken vorbei, manche von ihnen zur Veranschaulichung wieder gefüllt, immer weiter durchs Innere der Unterstadt. Besonders beeindruckend ist der hallengroße Raum, in dem die Menschen während des Kriegs Schutz suchten. In den Tuffstein eingeritzte Zeichnungen und Worte verdeutlichen die Angst von damals, und eine nachgestellte Szene veranschaulicht, wie eingeschlossen und ausgeliefert die Menschen sich fühlten. Nach etwa 1 Std. ist die bei konstanten 13 °C immer erfrischende Besichtigung vorbei – und draußen ist es meist doppelt so warm.

## Das griechische Theater

Wie eng die Bevölkerung mit den Relikten ihrer jahrtausendealten Geschichte zusammenlebte, zeigt der von Napoli Sotteranea im Anschluss angebotene Rundgang unter der Bühne des **Teatro greco** (G 2) nur eine Querstraße weiter. Eine Wohnung besitzt sogar ein Fenster mit Blick auf alte Gänge des Theaters. Nero ließ es erbauen, um in Neapel einen würdigen Ort für seine Sangeskunst vorzufinden. Davon ist nicht mehr viel zu sehen, denn im Laufe der Jahrhunderte wurde es entweder überbaut oder als Steinbruch genutzt.

## Die Stadt unter der Kirche

Fortgesetzt wird die Tour auf der anderen Seite der Via Tribunali. Auch im archäologischen Komplex unterhalb der Kirche **San Lorenzo Maggiore** (H 2, s. S. 81f.) sind verschiedene Schichten der Stadtgeschichte zu erkennen. Die begehbaren Grabungen im Kreuzgang zeigen die frühchristliche Laurentiuskirche aus dem 5. Jh., noch darunter liegen antike römische Straßenspuren, ein *macellum,* der mehr als zwei Jahrtausende alte Marktplatz, und griechische Mauern aus dem 5. Jh. v. Chr.

## Ein Bischof aus Afrika

Über die Via Duomo geht es durchs Stadttor San Gennaro über die Via Vergini zur Via della Sanità und schließlich zur Kirche **Santa Maria della Sanità** (nördl. G 1), die außerhalb der antiken Stadtmauern liegt, wo schon vor Jahrhunderten die Toten begraben wurden. Die Sanità ist eine Basilika aus dem 17. Jh., die wiederum auf einem frühchristlichen Bau errichtet wurde (Führungen vormittags, n. V. auch nachmittags, Tel. 08 15 44 13 05, So 9/12 Uhr, Treff Piazza Cavour, Tel. 081 48 32 38). Die Kirche gewährt Zugang zu den Katakomben des 5./6. Jh., in denen einige Fresken und Mosaiken noch erahnen lassen, was sie zu ihrer Zeit abbildeten: die Madonna della Sanità, das älteste Marienbild der Stadt sowie einige symbolische Darstellungen (Weinstock, Kreuz, Kelche, Lämmer, Vögel, Tauben, Fische).

Namengebend für diese Katakomben war ein Heiliger, der auf einem Fresko aus dem 10. Jh. zu erkennen ist – San Gaudioso, ein Bischof aus Afrika. Er starb höchstwahrscheinlich 453 im neapolitanischen Exil, nachdem er mit seiner kleinen Christenschar in Afrika verfolgt und in einem Boot ausgesetzt worden war. Das Boot sollte kentern, gelangte aber stattdessen wunderbarerweise bis nach Neapel.

### Tour-Info

**Führungen:** Napoli Sotteranea, Tel. 081 29 69 44, Führung inkl. Teatro greco 9,30 €
**Dauer:** 3–4 Std.
**Länge:** ca. 4 km

Tour 2

Äußerst angenehmer Tagesaufenthalt: Park und Museum Capodimonte

# Der Wald von Capodimonte (s. Einklinker)

## Vom königlichen Jagdrevier zum Stadtpark

Von einem Jagdrevier und einem passenden Schlösschen im Grünen träumte Karl I., kaum dass er 1734 den neapolitanischen Thron bestiegen hatte. Er beschloss, sich seine Wünsche in Capodimonte zu erfüllen. Der frische Wind sorgte für ein gesundes Klima, die exponierte Lage, das Panorama auf den Golf und die Nähe zum Zentrum kamen den Ansprüchen der königlichen Familie genauso entgegen wie die schon ansässige adlige Nachbarschaft.

Hinter der **Porta Grande,** dem Haupteingang (an der Via dei Ponti Rossi) zur grünen Lunge Neapels, beginnt der **Spianato,** die Anhöhe mit dem recht groß ausgefallenen Jagdschloss. Kaum hatten 1738 die Arbeiten an der ersten königlichen Residenz außerhalb der Stadtmauern begonnen, da änderte der Monarch seine Meinung: Er wolle kein Schloss, sondern ein Museum, einen geeigneten Ort für die Farnesische Kunstsammlung, die ihm seine Mutter vererbt hatte. 100 Jahre später konnte Ferdinand I. den Palast endlich in seiner heutigen Form fertig stellen. Seit 1957 ist die **Nationalgalerie** (s. S. 91) darin untergebracht.

Der Spianato wurde erst zu Beginn des 19. Jh. in einen **englischen Garten** verwandelt. Zuvor gab es keine landschaftsarchitektonische Verbindung zwischen Palast und Wald, stattdessen Viehweiden und die Straße nach Miano. Mittlerweile sind die Wiesen vor dem Museum die beliebtesten Bolzplätze Neapels. Vor allem an Sonntagen kommt Turnierstimmung auf, wenn mind. fünf Mannschaften gleichzeitig das Terrain bespielen.

## Geometrie im Grünen

Der Eingang in den Wald führt durch das barocke Tor der **Porta di Mezzo.** Dahinter liegt ein großer Halbkreis, umsäumt von Steineichen und Statuen. Hier versammelte sich der Hof zu Beginn der Jagdpartie. Da sich das Freizeitverhalten nach mehr als 200 Jahren verändert hat, sind es heute Jogger, die sich hier treffen und aufwärmen.

Von der Mitte des Platzes aus lassen sich die fünf, als Strahlen angelegten Wege mit einem Blick erfassen. Sie sind die ›Protagonisten‹ des formalen Parks, dem streng geometrisch angelegten Netz großer und kleiner Straßen, die sich sternförmig kreuzen. Je nach Beschaffenheit des Terrains reichen die Straßen unterschiedlich weit in den Park hinein und bieten zu jeder Tageszeit sowohl Schatten als auch Sonne.

Der **Viale di mezzo** ist die längste Straße und gleicht mit den gewölbten Kronen der Steineichen einem überdachten, schattigen Boulevard. Es geht leicht bergab in Richtung des Tales von Miano, zumeist in Begleitung von Joggern, Eltern mit Kinderwagen, *bambini* auf ihren Rädchen. Am Wegesrand liegen rechts der **Fabbricato Cataneo,** ehemals für die Landwirtschaft genutzt, und die **Vaccheria.** Das Gebäude diente der Rinderzucht und war Käserei.

## Inszenierte Landschaften

Die Gestaltung des Waldes begann 1735. Landschaftsszenarien durften genauso wenig fehlen wie Brunnen, Statuen und ummauerte Gärten. Bei der Bewaldung und Bepflanzung des formalen Parks wurde in erster Linie ein praktisches Jagdrevier geschaffen aus Steineichen, Kastanien, Steinbuchen und Ulmen, aus Myrte-, Königslorbeer- und Rainweidensträuchern und Lichtungen.

Nach der Vaccheria ändert sich die Parklandschaft. Zuerst rechts und kurz darauf auch links des Vialone alternieren Wiesen mit kleinen Wäldchen. Ursprünglich dienten diese sonnigen Flächen der Landwirtschaft. Haustiere und Wild waren zu versorgen, überschüssige Erzeugnisse wurden, wie in jedem Agrarbetrieb, verkauft. Im 19. Jh. gestalteten Landschaftsarchitekten und Botaniker diese Zonen nach Vorbild des englisch-romantischen Gartens.

Kurz vor dem Ende des großen Vialone ist ein Abstecher nach rechts möglich zum abgelegenen **Giardino Torre.** Er blieb als einziger der einst zahlreichen Gardini delle delizie übrig. Diese »Wonnegärten« umrahmten und schmückten mehrere Bauwerke (Mi oder n. V., Tel. 08 17 41 00 80).

Am Ende des Vialone verläuft der Weg linker Hand an einem Jagdturm vorbei und schlängelt sich am Rand des Waldes entlang. Die Einsiedlerbrücke liegt zwischen den Tälern von Miano und San Gennaro. Insgesamt vier dieser **Valloni,** Talschluchten, grenzen im Norden und Osten an die englischen Parkabschnitte an und sorgen für ein frisch-feuchtes Mikroklima.

## Friedhof und Fasanerie

Nach einem Anstieg beginnt bei dem ehemaligen Kapuzinerkloster mit dahinter liegendem Friedhof ein groß angelegtes Gelände im Stil des **englisch-romantischen Gartens.** Das Terrain wurde stellenweise aufgeschüttet, um so einzelne Baumgruppen hervorheben zu können. **Im Casino della Regina** erholten sich die Herrschaften von der anstrengenden Jagd. Die sich anschließende riesige Zisterne eignet sich als Rollschuhbahn. Die frühere Fasanerie beherbergt einen Buchladen.

An den formalen Park grenzt die ehemalige **Real Fabbrica di Porcellana** an, in der das berühmte Porzellan Capodimontes angefertigt wurde. Von dort führt der **Stradone della porcellana** Richtung Ausgang. Andere Wege schlängeln sich vorbei an spielenden Kindern, Liebespaaren, den Skulpturen junger neapolitanischer Künstler und noch weiter zu Waldschraten, Feen und den guten Waldgeistern.

## Tour Info

**Öffnungszeiten:** tgl. 8 Uhr bis 1 Std. vor Sonnenuntergang
**Dauer der Tour:** 2–3 Std. (langsames Schlendern), ca. 40 Min. (zügiges Joggen), mit einem Besuch des Museums (S. S. 91) ein äußerst angenehmer Tagesaufenthalt

Tour 3

Die Fonoteca in der Via Cisterna dell'Olio

# Napoli und die Musik (G 2/3–A 8, außerhalb)

## Blutbad und Barmherzigkeit

Diese Tour beginnt mit einem Blutbad. Ausgangspunkt ist die **Piazza San Domenico Maggiore** (G 2/3). In einem Schlafzimmer im ersten Stock des großen Gebäudes am Vico San Domenico Nr. 9, dem **Palazzo Sangro** (G 2), ließ in der Nacht vom 17. zum 18. Oktober 1590 Madrigal-Komponist und Prinz von Venosa, Carlo Gesualdo, zwei Menschen durch seine Schergen umbringen: Maria d'Avalos und Fabrizio Carafa. Sie war seine Frau, er ihr Liebhaber. An die Tat von damals erinnert heute vor Ort nichts mehr. Rekonstruiert wurde die Geschichte allerdings von Werner Herzog in seinem Film »Gesualdo«.

Nun geht es zu Fuß den Vico San Domenico hinauf und dann nach links über die Piazza Luigi Miraglia zum Komplex **San Pietro a Majella.** Der Eingang (G 2, Via San Pietro a Majella, 35; Tel. 08 15 64 44 11, 9–13 Uhr) befindet sich gegenüber dem Gässchen, das zur Piazza Bellini mit der Statue des »Norma«-Komponisten führt. Auch er studierte am ältesten Konservatorium Europas hinter den Mauern des ehemaligen Klosters von San Pietro a Majella. Es wurde 1806 als Zusammenschluss vierer schon bestehender Musikschulen gegründet, mit der Aufgabe, die *scugnizzi,* die Kinder der Armen und Waisenkinder in Kunst, Schrift und Barmherzigkeit zu unterrichten, wobei im 19. Jh. besonderer Wert auf die musikalische Ausbildung gelegt wurde.

Hier lehrte neben anderen Alessandro Scarlatti, und hier studierten Pergolesi, Piccini, Cimarosa, Vincenzo Bellini und auch Giovanni Capurro, der später den Text zu »O Sole Mio« schreiben sollte. Heute werden in der an Umfang und Qualität einzigartigen Bibliothek musikhistorische Dokumente aus den vergangenen zwei Jahrhunderten aufbewahrt und in den Sälen Martucci- und Scarlatti-Konzerte veranstaltet.

## Eine Straße der Musik

Die Tour führt weiter die **Via San Sebastiano** (F 2–G 3) hinab. Diese Straße hat seit Jahrhunderten mit Musik zu tun. In einigen Läden werden noch Instrumente gebaut, doch prägen Elektrik und Elektronik die meisten Geschäfte, die sich eins neben dem anderen die Kundschaft teilen, bis hinunter zur Spaccanapoli. In der Musikalienstraße San Sebastiano gibt es vom Digitalkabel bis zur Geigensaite noch alles, was das Herz begehrt.

Auf der Spaccanapoli geht es weiter über die Piazza Gesù in die erste Querstraße nach rechts zur **Fonoteca** (F 3,

s. S. 54) in der Via Cisterna dell'Olio. Ein Plattenladen der exquisiten Sorte mit großem Import-Repertoire, außerdem mit Massimo, Gigi und Zen auch Kommunikationszentrum für die musikalische Szene Neapels.

Zeit, sich wieder in die Vergangenheit zu denken, bietet der etwas längere Weg zu Fuß über die Via Toledo zum **Teatro di San Carlo** (F 5). Eine der je nach Probensituation unregelmäßig angebotenen Führungen (Tel. 08 17 14 57 37) ist die beste Möglichkeit, sich einen Eindruck von diesem Haus zu verschaffen, das Jahrzehnte vor der Mailänder Scala den Spielbetrieb aufnahm und in dem nicht nur die Stimmen von Caruso, Callas und Carreras erklangen, sondern auch schon die wichtigsten Philharmonien und Staatsorchester der Welt zu Gast waren.

## Globalisierte Angebote

Wer jetzt unbedingt eine ganz neue CD braucht, um den Kontakt zur Gegenwart nicht zu verlieren, dem bieten sich zwei Abstecher zu Schallplattenläden mit internationalem, aber eher kommerziellem Repertoire an. Mit der Funicolare Centrale (ein Stück die Via Toledo zurück) hinauf zum Vomero, wo sich in der Via Luca Giordano ein Laden des französischen Unternehmens **fnac** (B 3/4) niedergelassen hat, oder, über die Via Chiaia, zum Platten- und Buchladen **Feltrinelli** (E 6) an der Piazza Martiri. Beide Läden kämpfen mit Sonderveranstaltungen wie kleinen Gratiskonzerten um ihre Kunden.

## Piedigrotta und Marechiaro

Das nächste Stück des Weges kann nur mit dem Bus zurückgelegt werden: von Santa Lucia oder der Riviera di Chiaia aus fährt die Linie 140 zum Capo Posillipo. Ziel ist Marechiaro. Ausgangs- und Endpunkt dieses Tourabschnitts sind in zwei berühmten neapolitanischen Liedern verewigt: »Santa Lucia Lontana« und »Marechiaro«. Santa Lucia ist heute nicht unbedingt das reizvollste Viertel Neapels, doch vor über hundert Jahren war es der Grund für die Heimatsehnsucht vieler Emigranten. Auf dem Weg nach Marechiaro gibt es noch einen möglichen Zwischenstopp: in Mergellina aussteigen, sich die **Piedigrotta-Kirche** (A 7) anschauen und dann, hinter der Kirche und kurz vor dem Tunnel zur Linken, den **Parco Virgiliano** (außerhalb). Hier fanden noch bis in die 1970er Jahre jeweils Anfang September ausgelassene Feste und Umzüge zur Feier der neapolitanischen *canzone* statt – geblieben sind die Orte zur Erinnerung an ein vergangenes Jahrhundert.

Nur ein Blick und vielleicht der Appetit sind Gründe für die letzte Station auf der Tour. Nach **Marechiaro** (südl. A 8), wo einst das berühmte gleichnamige Lied von Salvatore di Giacomo entstand, führt eine Straße Richtung Meer hinab. Und wenn man dann die winzigkleine Fischerbucht erreicht hat – im Sommer sogar mit Strandbad und auch im Winter mit einigen Restaurants –, dann wird langsam klar, wie schön es hier erst gewesen sein muss, als die Tafel mit dem Text von »Marechiaro« noch nicht an diese Zeit erinnern musste.

### Tour Info

**Dauer der Tour:** ca 3 Std., mit Abstecher zum Vomero länger
**Einkehren:** Café Gambrinus (s. S. 38), Restaurants von Marechiaro (s. o.)
Achtung: Die **Fonoteca** hat auch am Sonntagvormittag geöffnet.

Tour 4

Dekoration für alle: pompejische Wandmalerei

# Auf den Spuren Pompejis durchs Museo Archeologico Nazionale (F 1)

## Fresken, Möbel, Mosaiken

Was die Bourbonen trennten, können heute nur noch die Besucher und Besucherinnen wieder zusammenfügen: das städtische Skelett Pompejis aus Häusern, Tempeln, Straßen, Theatern, Brunnen und die beweglichen Dinge wie Fresken, Skulpturen, Möbel, Mosaiken, Schmuckstücke, die von den Fundorten entfernt wurden und nun im Museum (s. S. 90) ausgestellt sind. Die Besichtigung Pompejis ist ein Zweiteiler, bestehend aus Ausgrabungen und Museo Nazionale – Reihenfolge unwichtig.

1787 ließ der Bourbone Ferdinand IV. das ehemalige Universitätsgebäude zum Museum umbauen. Er brauchte einen angemessenen Rahmen für die römische Sammlung der Farnese und für die Fundstücke aus den Vesuvstädten. Im ersten Stock beginnt der Rundgang am Ende des großen Saals der Sonnenuhr. Links geht es zu den Sälen mit pompejischen Wandmalereien (Ostflügel).

## Feng Shui auf Lateinisch

Das modische Bewusstsein der Pompejer machte auch vor der dekorativen Ausstattung der Häuser keinen Halt. Nach Architekturelementen, perspektivischen Spielen und Theaterkulissen gefielen den Menschen der Stadt am Vesuv zierliche, ornamentale Elemente, die besondere Aufmerksamkeit auf die mythologischen Szenen in der Mitte des Bildes lenkten. Friedliche Landschaften schufen eine angenehme Atmosphäre – Feng Shui auf Lateinisch.

Besonders zahlreich sind die **Fresken** aus der Zeit ab ca. 50 n. Chr., der letzten Phase des pompejischen Lebens. Aufwändige Stillleben, einzelne Figuren und wiederum mythologische Szenen drängeln sich in komplexen und üppigen Kompositionen. Die beinah barocke Pracht droht zuweilen die informationsgesättigten Betrachter des 21. Jh. zu überfordern – Zappen am Fenseher und Surfen im Internet waren eben 70 n. Chr. noch nicht erfunden.

## Isis und Exotik

Beruhigender und manchmal geradezu anmutig wirkt die **Gartenmalerei** aus den Innenhöfen der Häuser. Exotische und idyllische Landschaften ließen die Stadtbewohner vom besseren Leben in fernen Ländern oder wenigstens von großen Luxusvillen träumen.

Einblick in die beliebtesten religiösen Kulte des pompejischen Lebens gibt die folgende Abteilung mit dem **Isis-Hei-**

**ligtum** (s. S. 99). Die Ausstattung des Tempels, von den Wandmalereien bis zu den Skulpturen, wird in den Sälen 79 bis 82 zusammenhängend präsentiert. Die heutige Museumspädagogik macht sich bemerkbar, eine Errungenschaft, die den Archäologen des 18. und 19. Jh. noch fremd war. Sie ordneten die Funde aus den Vesuvstädten nach Gattungen: Fresko zu Fresko und Mosaik zu Mosaik, eben ohne Rücksicht auf Zusammenhänge. Einen Überblick verschafft das **Stadtmodell von Pompeji** im Saal 96. Auch der Isis-Tempel im Theaterviertel der Stadt lässt sich lokaliseren

Der Rundgang durch den ersten Stock wird mit der **Abteilung der Kunstgewerbe und Gerätschaften** in Pompeji *(argenti, avori, vetri)* beendet. Die ausgestellte römische Wohnkultur reicht von religiösen Statuetten der Hausaltare bis zum Küchen- und Bankettgeschirr. Kostbares Silbergeschirr sollte orientalischen Luxus zur Schau stellen – klares Zeichen für die hohe soziale Stellung der Gastgeber.

Die Besichtigungstour führt nun in den Westflügel des Zwischengeschosses. Die renovierte **Mosaikensammlung** gehört zu den bedeutendsten der Welt. Die Mosaiken aus der Casa del Fauno stammen aus einer alexandrinischen Werkstatt, deren Kunstfertigkeit noch heute neidvolles Staunen hervorruft. 1,5 Mio. Steinchen haben die Mosaizisten allein im bekannten »Alexandermosaik« zusammengefügt.

## Das Kamasutra Pompejis

Der ideale Ort, um die Traumata aus dem Lateinunterricht zu bewältigen, ist das **Erotische Geheimkabinett.** Mehr als 250 »obszöne« Exponate sind seit dem Frühjahr 2000 nach jahrzehntelanger Zensur nun in der neuen Abteilung ausgestellt (für Kinder nur in Begleitung der Eltern). Sex war in Pompeji ein Spektakel, mit Humor und Selbstironie inszeniert. Sexualität und Prostitution gehörten zu den festen Bestandteilen der Bankette, erotische Malereien verschönerten die Gärten, und Priapos, Gott der Fruchtbarkeit, schützte als Gemälde oder Talismann Haus und Familie.

Wer der Beschwörung des häuslichen Glücks durch bronzene Phallusfiguren einen kühlen Kopf und klares Kalkül vorzieht, dem sei der neu renovierte Medagliere, die **Münzsammlung**, empfohlen.

Sinnlicher geht es noch mal im Erdgeschoss zu. Die **Skulpturensammlung der Farnese** im Ostflügel zeigt zwar keine Funde aus Pompeji, gehört aber dennoch zu den Höhepunkten des musealen Vergnügens. Der Farnesische Stier, eine riesige Skulpturengruppe aus den römischen Caracalla-Thermen, beeindruckt ›kolossal‹.

Einige Abteilungen des Museums und auch sein äußeres Erscheinungsbild wurden kürzlich renoviert. Die kampanischen Skulpturen, darunter auch die »Eumachia« aus Pompeji, bekannte Priesterin und Beschützerin der Weber und Färber, werden wohl erst nach Abschluss der z. T. noch andauernden Arbeiten zu besichtigen sein.

Im Untergeschoss direkt neben dem Ausgang geht es hinunter zur **epigraphischen Sammlung.** Mit einem Blick auf pompejische Inschriften und die Sonnenuhr aus den Stabianer-Thermen neigt sich die Besichtigung ihrem Ende zu.

### Tour Info

**Dauer der Tour:** ca. 4 Std.
**Ruhetag des Museums:** Di

# Tour 5

Da läuft das Wasser im Mund zusammen: ›la sfogliatella napoletana‹

## Die süße Kunst – Kaffeesorten und Konditoreien (G 3–F 5)

### Acht »espressi« sind erlaubt

Gesundheits- und Schlankheitsfanatiker werden sich nur zögerlich auf den Weg dieser Tour machen wollen: zu viele Kalorien, zu viel Cholesterin, zu viel Koffein. Jedoch ist der Koffeingehalt des neapolitanischen *caffè* dank seines langsamen Röstverfahrens sehr niedrig. Acht *espressi* täglich sind erlaubt, sagen medizinische Studien. Über den Cholesterin- und Kaloriengehalt der Süßigkeiten lässt sich allerdings nichts Relativierendes sagen …

Frühmorgens trifft im **Café Scaturchio** (G 3, s. S. 39) direkt aus dem *laboratorio* das Tablett mit den warmen, frischen *sfogliatelle* ein. Die *sfogliatella riccia* ist die Königin der süßen Kunst. Unter der muschelförmigen, krossen Umhüllung wartet eine Füllung aus Ricotta und kandierten Früchten. Ihre Schwester, die *sfogliatella frolla,* ist schlichter, der ›Mantel‹ besteht aus Mürbeteig. Ernst zu nehmende Konkurrenz bekommt die *sfogliatella* von der *pastiera,* einer Torte mit Ricotta, Weizenkörnern (sehr gesund!), kandierten Früchten und viel Orangenblütenwasser.

### Der Verrat der Sfogliatella

Der Weg zur nächsten Bar führt vorbei am **Vecchio Policlinico** (G 2), der alten Poliklinik von Neapel, deren Eingang an der Piazzetta Luigi Miraglia liegt. Im 17. Jh. stand hier das Karmeliterkloster Il Croce di Lucca, in dessen Küche die *sfogliatella* in ihrer heutigen Form kreiert wurde. Die Nonnen hüteten das Rezept wie ein Geheimnis, denn die Orden der Stadt konkurrierten um die süßen Spezialitäten, deren exklusive Herstellung ihnen Ansehen und neue Novizinnen einbrachte. Sogar vor kulinarischer Spionage schreckte manch keusche Dame nicht zurück. 1624 verplauderten sich drei Novizinnen des Klosters – und die *sfogliatella* trat ihren Weg in die weltliche Gesellschaft an.

Die **Bar Mexiko** (F 2, s. S. 38) ist weit entfernt von barocker Süßspeisenkunst. Das bunte 1970er-Jahre-Interieur bildet den Rahmen für den *caffè*-Kult. Die Espresso-Tassen brodeln im kochenden Wasser, um den *caffè* später warm halten zu können. Der richtige Druck, die ideale Temperatur, ein erfahrener *barista* und eine ausgezeichnete Bohnenmischung ermöglichen erst den Geschmack. Alambra, Harem, Mehari oder Mekico nennen sich die Sorten aus der hauseigenen Passalacqua-Rösterei. An heißen Sommertagen liefert der *frappé al caffè* (Milchshake) kühle Erfrischung mit dem mildherben Aroma des Espresso.

## Amarenacreme und Schokolade

Über die Via Toledo flanierten Aristokratie und Bürgertum im frühen 19. Jh. von der Piazza Carità bis zum Palazzo Reale vorbei an zahlreichen Cafés und Konditoreien. Immer gehörte ein Besuch in der *pasticceria* von **Pintauro** (F 4, Via Toledo, 275, 9.15–20.15 Uhr, So Ruhetag) dazu. Der neapolitanische Gastronom hatte 1819 als erster die *sfogliatella* einem breiten Publikum angeboten. Am 19. März 1840 präsentierte er dem mondänen Neapel eine weitere Spezialität: die *zeppola di San Giuseppe* aus Brandteig und Amarenacreme. Das Rezept hatte Pintauro, ganz offiziell, als eines der kulinarischen Geheimnisse von einer Klarissenschwester aus dem Kloster Santa Chiara erfahren.

Betörender Schokoladenduft berauscht die Kunden bei **Gay-Odin** (F 5, direkt neben der Galleria Umberto, Via Toledo, 214, Mo–Sa 9–13, 16–20 Uhr). Das Piemonteser Ehepaar Onorina und Isidoro gründete 1822 die erste Schokoladenfabrik Neapels. Bis heute hat sich an der Produktion nichts geändert: Frische, erstklassige Zutaten und Handarbeit charakterisieren Pralinen, Schokolädchen und Konfekt. Zu den Spezialitäten zählen die *foresta,* Milchschokolade mit Baumrindenstruktur, und die *vesuvini,* Schokolade in Vesuv-Form mit Gianduia gefüllt. Für Kalorienbewusste gibt es zuckerfreie Schokolade. Ein ideales Geschenk für Freunde und Familie daheim ist auch die *cioccolata del turista,* eine große Tafel Schmelzschokolade.

## Variationen zum Wachbleiben

Ein wenig Ernüchterung kann jetzt nur der nächste *caffè* bringen. Wer ihn nicht gerne typisch neapolitanisch *ristretto* (stark) trinkt, hat die Auswahl zwischen *lungo,* mit Wasser gestreckt, *macchiato,* mit einem Schuss Milch, oder *corretto,* mit Alkohol verstärkt. Im Sommer empfiehlt es sich außerdem, hin und wieder einen *caffè freddo* zu bestellen – alles andere als »kalter Kaffee« – oder schon zum Frühstück kalt anzufangen mit einem *brioche al gelato:* zwei Bällchen Eis zwischen dem luftigen Teig helfen dabei, cool zu bleiben.

Als der ehemalige Staatspräsident Luigi Scalfaro vor ein paar Jahren Neapel besuchte, war er begeistert von der neuen Kaffeekreation mit Nusscreme, dem *caffè alla nocciola* in der **Caffetteria del Professore** (F 5, Piazza Trieste e Trento, 46, tgl.7 –1 Uhr).

Nur wenige Meter davon entfernt endet die Tour im **Gambrinus** (F 5, s. S. 38), dem bekanntesten Kaffeehaus der Stadt. Der Blutzuckerspiegel steigt schon beim Anblick der unzähligen Leckereien. »Widerstand zwecklos« scheint sich auch Bruno Sergio, Inhaber des Gambrinus, zu sagen und gibt zu, täglich bis zu zwölf *espressi* zu trinken. Damit die üppigen Auslagen mit mysteriösen Cremetörtchen, Sahneschnörkeln und Obstvariationen nicht zur peinlichen Ratlosigkeit führen, sei zum Abschluss ein *babà* empfohlen: Nüchtern sieht der Nachkomme aus der Familie des Gugelhupfs, der über Paris nach Neapel einwanderte, nur von außen aus. Beim ersten Bissen wird klar: der lockere Hefeteig hat in einer Rumlösung gebadet …

### Tour Info

**Dauer der Tour:** 2–3 Std., mit Besichtigung diverser Sehenswürdigkeiten an der Route entsprechend länger

# Register

**Titel:** Blick vom Posilippo
S. 1: ›Puppendoktor‹ auf der Spaccanapoli
S. 6/7: Majolika-Kreuzgang, Chiesa di Santa Chiara
S. 24/25: Auf der Piazza Trieste e Trento
S. 106/107: Neapel, Molosiglio, Blick auf den Vesuv

**Fotonachweis**
Artz, Andrea, laif, Köln S. 44, 65, 71, 83, 89, Umschlagrückseite (u)
Christofori, Marco, Christoph & Friends, Essen Titelbild
Celentano, Raffaele, laif, Köln S. 4 (u), 12, 24/25, 26, 30/31, 34, 41, 53, 61, 74, 104, 108, 110, 112, 114, 116
Helbert, Frank, Wiesbaden S. 3 (u), 8, 58, 66
Jonkmanns, Bernd, laif, Köln S. 68, 79, 86
Ogando, laif, Köln S. 1, 14, 48
Romano, Luciano, Neapel S. 106/107
Tomek, Heinz, Sizilien S. 10
Zanettini, Fulvio, laif, Köln S. 2, 3, 6/7, 9, 54/55, 76, 94, 100/101, Umschlagrückseite (u)

**Kartografie:** © DuMont Reiseverlag, Köln


Grafisches Konzept: Groschwitz, Hamburg
Druck: Rasch, Bramsche
Buchbinderische Verarbeitung: Bramscher Buchbinder Betriebe

ISBN 3-7701-6464-4